Türkische Küche

Türkische Küche

Kreative Vielfalt köstlicher Speisen

von

G. Poggenpohl

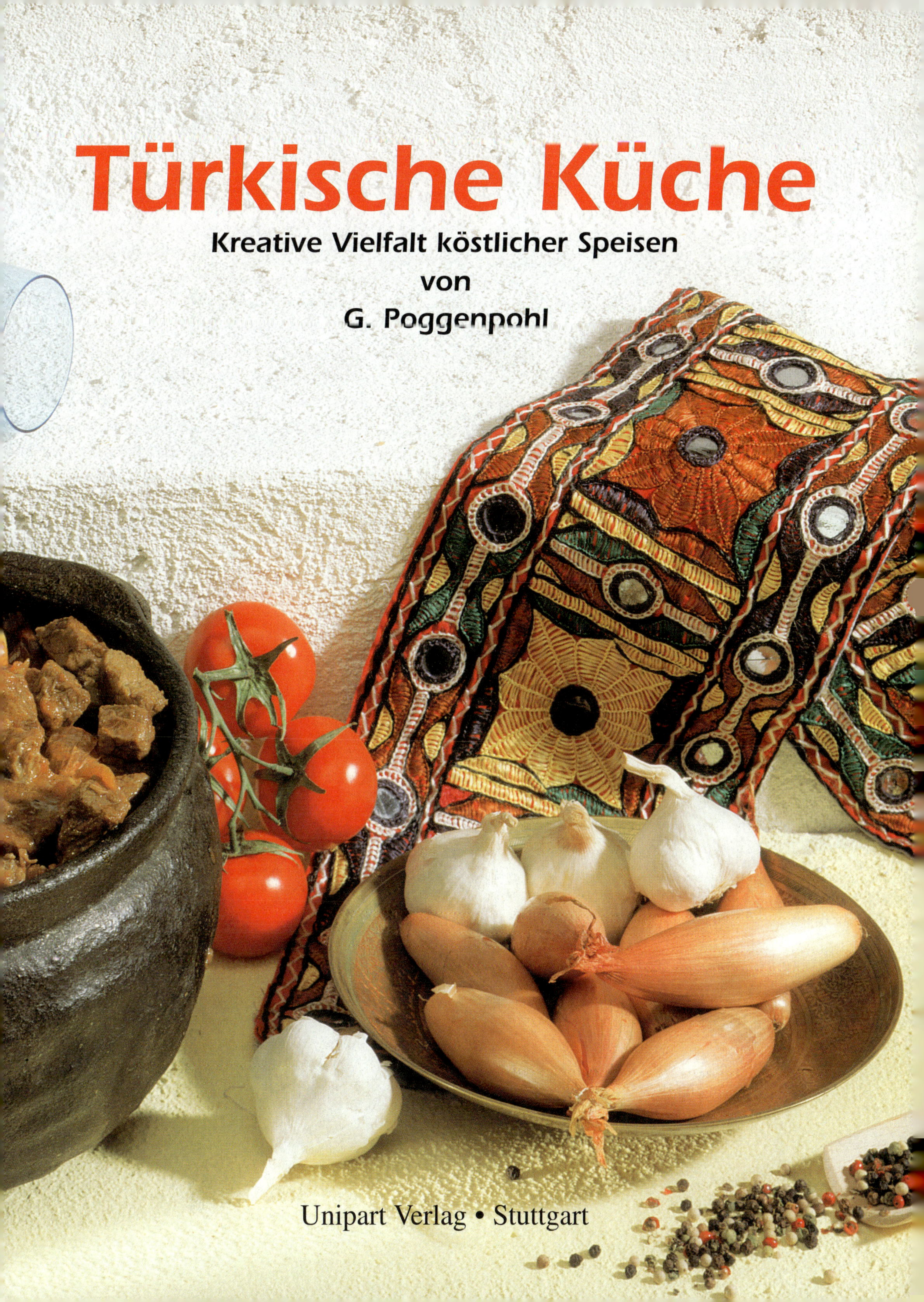

Unipart Verlag • Stuttgart

Vorwort

Die Türkei, das Land in dem sich die abendländische und morgenländische Kultur seit Jahrtausenden begegnen.

Die Türkei bekannt durch die sagenhaften, orientalischen Märchen aus Tausend und einer Nacht, die uns als Kinder schon in eine verzauberte Welt versetzt haben.
Die prunkvollen Feste in dem Palast des Sultans bei einem großen Essen mit Spaß, Musik und Tanz.

Auch heute noch verzaubert die Türkei ihre Besucher.
Jeder, der in diesem herrlichen Land schon einmal Urlaub machte ist begeistert von dieser unglaublich, vielfältigen Landschaft.
Diese reicht von wunderschönen Stränden an der Ägäischen- und Mittelmeerküste, über immergrüne Gebirgshänge an der Schwarzmeerküste im Osten des Landes, über im Sommer ausgedörrtes Land in Anatolien, bis hin zu Bergen die das ganze Jahr über schneebedeckt bleiben.
Der wohl bekannteste Berg ist der Berg Ararat mit einer Höhe von über 5000m.

Faszinierend an der Türkei ist nicht nur das Land und die Städte, sondern auch die Menschen, die in diesem kontrastreichen Land leben.
Ihre Gastfreundlichkeit ist überall bekannt und wird hoch geschätzt.
Essen und Gesellschaft werden in der Türkei noch immer zelebriert.
Dabei wird gerne und viel Fleisch gegessen.
Auf dem Speiseplan stehen Lamm-, Kalb-, Rind- und Hammelfleisch, kein oder sehr wenig Schweinefleisch, da die islamische Religion dieses verbietet.

Die türkische Küche hat eine Vielfalt pikanter, wohlschmeckender Suppen, gesunde, gut verträgliche Vorspeisen, delikate, variantenreiche Eintöpfe und Aufläufe, fantasievolle Reisgerichte, köstliche Fleisch- und Fischspeisen und außergewöhnliche Dessert´s.

Wir haben mit unserer Auswahl von Rezepten versucht einen Einblick in eine sehr gute, gesunde und schmackhafte Küche zu vermitteln, die auch hier zu Lande realisierbar ist.
Der Einkauf von Zutaten sollte keine Schwierigkeiten für Sie bereiten.
In gut sortierten Supermärkten und vor allem in türkischen Fachgeschäften die in ganz Deutschland vertreten sind, dürfte es für Ihren Einkauf sogar noch eine Bereicherung darstellen einmal andere Gewürze, Gemüse- und Obstsorten auszusuchen.

Auf den nachfolgenden Ratgeberseiten finden Sie eine Zusammenstellung der Gemüse- und Obstsorten, der verwendeten Gewürze und einige Verarbeitungstechniken.

Wir wünschen Ihnen viel Freude beim Zubereiten dieser Köstlichkeiten,
und einen guten Appetit beim Schlemmen.
Ihre Gabi Poggenpohl

Inhalt

Vorwort	9
Ratgeber	12
Feine & aromatische Suppen	18
Pikante & leckere, kalte Gerichte	36
Köstliche, kleine Gerichte aus dem Orient	60
Fladenbrote & Kebab	80
Interessantes aus der türkischen Küche	92
Zartes Geflügel	102
Deftiges vom Lamm	112
Leckeres vom Rind	124
Spezialitäten aus dem Meer	142
Orientalische Süssigkeiten	152
Register	164

Ratgeber Gewürze

Kreuzkümmel
ist etwas länger und dicker als der hier zu Lande bekannte Kümmel und schmeckt etwas bitter. Er wird hauptsächlich im Orient für Hackfleischgerichte und auf der bekannten, türkischen Pizza verwendet.

Safran
ist noch immer ein sehr edles, teueres Gewürz, es aromatisiert und färbt die Speisen. Er wird für Reis, Saucen, Hammelfleischspezialitäten, Geflügel und Dessert´s verwendet.

Zimt
kommt in der türkischen Küche nicht nur bei Süßspeisen zum Einsatz sondern auch bei Fleisch, Aufläufen und Suppen.

Zitronenmelisse
schmeckt und riecht großartig nach Zitrone, Rohkostsalate, Tomatengerichte, Fisch- und Lammbraten werden damit gewürzt. Zitronenmelisse eignet sich auch sehr gut zum Garnieren.

Kardamon
ein Gewürz für alle Fälle geeignet für Backwaren, Pasteten, Kompotte, Lammgerichte, Fisch, Fleisch, Innereien und Reis

Muskat
würzt Suppen, Saucen, Reis-, Gemüse-, Geflügelgerichte, Süßspeisen und Getränke.

Knoblauch
ist in der türkischen Küche nicht wegzudenken. Diese Knolle ist gesund, wirkt blutdrucksenkend, regt die Verdauungsorgane und die Durchblutung an und wirkt desinfizierend. Es rundet den Geschmack von Hackfleisch, Lamm- und Gemüsegerichten ab.

Petersilie
verwendet man in der türkischen Küche oft und in größeren Mengen. Dieses Kraut ist sehr gesund und besitzt viel Vitamin C.

Minze
sehr gerne wird dieses Gewürz für Lamm, Hammel, Fisch Geflügel und Suppen benützt.

Paprikaflocken
getrockneter, grobgeriebener Paprika, sieht sehr dekorativ aus.

Bulgur
ist ein vorgegarter, geschroteter Weizen. Bulgur gibt es feingeschrotet für Suppen und grobgeschrotet für Aufläufe. Er ist in türkischen Fachgeschäften erhältlich.

Gefüllte Weinblätter:

1. Die Weinblätter frisch oder aus dem Glas ca. 5 Minuten im stark sprudelndem Wasser vorgaren.
2. Die einzelnen, ganzen Blätter, die Rückseite des Blattes zeigt nach oben, auf einem Brett nacheinander auslegen und die Fülle daraufgeben.
3. Die beiden seitlichen Ränder einschlagen und von dem Stiel aus die gefüllten Weinblätter fest zusammenrollen.
4. Den Topfboden mit einigen, kleinen oder nicht so schönen Weinblättern auslegen.
5. In den ausgelegten Topf nun die gefüllten Weinblätter ganz dicht, und mit der Öffnung nach unten in den Topf schlichten und wie im Rezept beschrieben mit der Flüssigkeit auffüllen.
6. Damit die Blätter beim Kochen nicht aufgehen können, zum Beschweren einen Teller auf die Röllchen legen.

Gefüllte Yufka - Teigröllchen:

Die dreieckigen Yufka - Teigplatten gibt es in türkischen Fachgeschäften bereits fertig zu kaufen.

1. Die Teigplatten einzeln auf ein Brett legen, mit etwas Wasser bepinseln und an der breiten Kante der Teigplatte die Fülle auflegen.
2. Die breite Kante einmal über die Fülle legen, die beiden seitlichen Ränder einschlagen.
3. Jetzt den Teig zur Spitze hin fest und eng einrollen.
4. Die Spitze nochmals mit etwas Wasser bepinseln und das Röllchen zukleben.
6. Reichlich Öl in einer Pfanne erhitzen und die Röllchen darin goldbraun ausbacken.
7. Die ausgebackenen Röllchen auf ein Küchenkrepp legen, damit das überschüssig Fett aufgesaugt werden kann.

Diese Yufka - Teigplatten lassen sich mit jeder Art Füllung zubereiten. Mit Fleisch, Gemüse, Käse oder auch mit süßer Füllung.

Ratgeber Gemüse

Auberginenen
gibt es fast das ganze Jahr über. Sie enthalten sehr viel Vitamin B, Calzium und Eisen.
Durch Ihren neutralen Geschmack kann diese Frucht ausgezeichnet mit anderen Gemüsen kombiniert werden. Die Aubergine schmeckt ausgezeichnet gekocht, gegrillt, geschmort und gebraten.

Aprikosen
werden in der türkischen Küche frisch und getrocknet verzehrt. Getrocknet vor allem zu Fleischgerichten und Salaten.

Okraschoten
gibt es getrocknet und in Dosen. Wird als Gemüsebeilage oder als Eintopf gegessen.

Zucchini
gehören zur Kürbisfamilie. Diese Früchte lassen sich hervorragend füllen, schmecken ausgezeichnet gekocht, gegrillt, geschmort oder roh als Salat.

Peperoni
dunkelgrüne, hellgrüne oder rote Schoten werden zum Würzen von Fleisch-, Fisch- und Eintopfgerichten verwendet. Eingelegte Peperoni verwendet man zu Salaten oder ißt sie pur.

Paprikaschoten
werden als Salat, Gemüse oder eingelegt gegessen.

Gärtnergurken
sind kleine, knackige Miniatur Gurken, die nur in der Türkei so gezüchtet werden. Sie sind auch ab und zu in Deutschland erhältlich.

Weinblätter
gibt es frisch oder eingelegt zu kaufen. Sie werden mit Hackfleisch und Reis gefüllt und gekocht. Ergibt eine sehr gute Vorspeise!

Kohl
ist ein Gemüse, das sehr vitaminreich ist. In der Schwarzmeer - Region wächst er extrem gut. Es werden viele interessante Eintöpfe daraus gekocht, für den Winter wird er eingelegt.

Rote Linsen
gibt es hier zu Lande nur geschält zu kaufen, sie brauchen daher nicht sehr lange kochen.

Kichererbsen
gibt es bei uns getrocknet oder in Dosen zu kaufen. Sie werden zu Eintöpfen, als Beilagen oder als Salat verarbeitet.

Wachtelbohnen
sind braunbeige - gesprenkelt und sehen den Wachteleiern von der Farbe her sehr ähnlich, davon haben sie auch ihren Namen. Diese Bohnen werden in Eintöpfen gegessen.

Walnüsse, Mandeln und Pistatien
werden in der türkischen Küche bei Süßspeisen, Fisch, Fleisch und Eintöpfen verwendet.

Pinienkerne
werden ohne Fett geröstet und für Hackfleischfüllungen und Süßspeisen verwendet.

Sasam
ist der Samen der Sasampflanze schmeckt sehr gut in Salaten, auf Süßspeisen, auf Gebäck und erhält durch rösten einen sehr feinen, nussartigen Geschmack.

Linsensuppe mit Kürbiskernen

Zutaten:
5 Zwiebeln
2 EL Sonnenblumenöl
40 g Butter
300 g Linsen
1 3/4 l Gemüsebrühe
1 EL frischen Koriander
2 Zweiglein Thymian
2 Bunde glatte Petersilie
100 g Crème fraîche
100 g geschälte Kürbiskerne
Salz und Pfeffer

1. Die Zwiebeln schälen und achteln.
2. Die Petersilie und den Koriander waschen, trocknen und fein schneiden.
3. Das Öl und die Butter heiß werden lassen, die Zwiebeln darin andünsten.
4. Die Linsen in den Topf geben leicht mit andünsten, und mit der Gemüsebrühe angießen, zugedeckt bei mittlerer Hitze garen.
5. Die Suppe mit Salz und Pfeffer, dem Koriander und dem Thymian würzen.
6. Wenn die Linsen weich sind, mit dem Pürierstab pürieren.
7. 3/4 der Crème fraîche und die Petersilie unterziehen, evtl. noch etwas salzen.
8. Die Suppe bei ausgeschalteter Platte ca. 5 Minuten ziehen lassen.
9. Auf die Teller verteilen, mit dem restlichen Crème fraîche garnieren und mit den Kürbiskernen bestreuen.

Kalte Gurkensuppe

Zutaten:
1 Schlangengurke
2 Knoblauchzehen
3 EL Öl
100 g gehackte Walnüsse
500 ml Jogurt
1/8 l saure Sahne
Salz und Pfeffer
2 EL gehackter Dill

1. Die Gurke schälen, fein raspeln, etwas salzen und in den Kühlschrank stellen, das Gurkenwasser nicht abschütten.
2. Den Dill waschen, trocknen und fein hacken.
3. Den Knoblauch schälen und zerdrücken.
4. Den Jogurt, den Knoblauch, das Öl und die Nüsse in einen Mixer geben und gut pürieren. Mit Salz und Pfeffer würzen.
5. Die saure Sahne unterrühren.
6. Das Dressing über die Gurkenraspel geben und alles gut miteinander vermischen.
7. Die Suppe in den Tellern verteilen, mit dem Dill, einigen Walnußkernen garnieren und eiskalt servieren.

Mit Fladenbrot serviert ist das eine erfrischende Suppe an heißen Tagen.

Kalte Tomatensuppe mit Allerlei

Zutaten: *Suppe*
750 g reife Tomaten
1 Peperoni
2 Frühlingszwiebeln
1 kleine Salatgurke
2 Knoblauchzehen
50 ml Olivenöl
etwas Gemüsebrühe
1 EL edelsüßen Paprika
Salz und Pfeffer

1. Die Tomaten an der Blüte über Kreuz einschneiden, mit kochendem Wasser übergießen, kurz im Wasser liegen lassen, häuten und klein schneiden.
2. Die Peperoni der Länge nach halbieren, die Kerne entfernen und klein schneiden.
3. Die Frühlingszwiebeln waschen und in kleine Ringe schneiden.
4. Die Gurke waschen, der Länge nach halbieren, die Kerne entfernen und klein würfeln.
5. Den Knoblauch schälen und zerdrücken.
6. Alle vorbereiteten Gemüse in eine Schüssel geben und mit dem Pürierstab pürieren, nach Bedarf die Gemüsebrühe zugeben.
7. Die Suppe mit Paprika, Salz und Pfeffer abschmecken und kaltstellen.

Zutaten: *Beilagen*
250 g Feta
1 EL Butter
3 Scheibe Vollkorntoast
4 Knoblauchzehen
50 ml Olivenöl
1 EL frischen Dill
1 Ei

1. Das Ei hart kochen.
2. Den Feta klein würfeln.
3. Den Knoblauch schälen und in kleine Scheiben schneiden.
4. Das Toastbrot in kleine Würfel schneiden.
5. In einer Pfanne das Öl erhitzen, die Knoblauchscheiben darin knusprig anbraten, mit einem Schaumlöffel herausnehmen und in ein Schälchen geben.
6. Die Butter zugeben und die Brotwürfel darin knusprig anbraten, herausnehmen und in ein weiteres Schälchen geben.

7. Auf 2 weitere kleine Schüsseln den Feta mit den Dillspitzen, und das gehackte Ei verteilen.

8. Die Suppe in die Teller geben und die verschiedenen Beilagen mit servieren.

Jeder bedient sich nach seinem Geschmack.

Kalte Jogurtsuppe mit Aprikosen und Walnüssen

Zutaten:
450 ml Jogurt
225 ml Mineralwasser
50 g getrocknete Aprikosen
25 g Walnüsse
3 EL Schnittlauch
2 TL frischer Dill
2 TL frischer Estragon
Salz und Pfeffer

1. Die Aprikosen fein schneiden.
2. Die Walnüsse fein hacken.
3. Den Schnittlauch, den Dill und den Estragon waschen, trocknen und fein hacken.
4. In einer Glasschüssel den Jogurt und das Mineralwasser mit einem Schneebesen verrühren.
5. Die Aprikosen, die Walnüsse und die Gewürze einrühren und mit Salz und Pfeffer würzen.
6. Für ca. 1 - 2 Stunden in den Kühlschrank stellen.

Dazu schmeckt Fladenbrot!

Spinatsuppe

Zutaten:
1 kg Rinderbrust
2 Karotten
1 Petersilienwurzeln
1 Bund Petersilie
2 l Wasser
1 kg Spinat
1 Zwiebel
100 g Butter
1 EL Mehl
200 g saure Sahne
5 hart gekochte Eier
Salz und Pfeffer

1. Die Karotten und Petersilienwurzel schälen und halbieren.
2. Die Petersilie waschen und die Stiele abschneiden.
3. Das Fleisch waschen und in kaltem Wasser mit den Karotten und der Petersilienwurzel zum Kochen bringen, mit Salz würzen, ca. 1 1/2 Stunden kochen bis das Fleisch weich ist.
4. Das Fleisch herausnehmen und in kleine Würfel schneiden, warm stellen.
5. In der Zwischenzeit den Spinat verlesen, waschen, mit heißem Wasser übergießen und kurz aufkochen, durch ein Sieb abschütten und abtropfen lassen. Anschließend klein hacken.
6. Die Zwiebel schälen und klein hacken. In einer Pfanne etwas Butter schmelzen und die Zwiebeln darin glasig dünsten.
7. Den Spinat zugeben und bei geschlossenem Deckel garen.
8. In einer kleinen Pfanne etwas Butter schmelzen, Mehl zugeben und eine helle Einbrenne herstellen, mit etwas Brühe angießen und das Gemüse damit binden.
9. Die restliche Brühe zugeben, alles gut verrühren, die Fleischwürfel zugeben und ca. 10 Minuten köcheln lassen.
10. Zwischenzeitlich die Petersilie waschen, trocknen und die Blätter fein hacken. Danach die saure Sahne einrühren und mit Salz und Pfeffer abschmecken, die gehackte Petersilie einrühren.
11. Die gekochten Eier halbieren oder klein hacken und kurz vor dem Servieren auf die Suppe geben.

Lammfleischsuppe mit Nestnudeln

Zutaten:
1 kg Lammfleisch
2 l Wasser
Salz u. Pfeffer
1 Stange Lauch
2 Karotten
2 Zwiebeln
1/2 Sellerieknolle
1 Petersilienwurzel
1 Liebstöckelblatt
2 Peperoni
1 Bund Petersilie
1 Lorbeerblatt
2 TL Kreuzkümmel
2 Nelken

1. Das Fleisch waschen und in einem Topf mit kaltem Wasser zum Kochen bringen, ca. 15 Minuten kräftig kochen lassen, damit sich die Poren schließen. Anschließend das Fleisch aus dem Topf nehmen.
2. Inzwischen den Lauch putzen und in Ringe schneiden. Die Peparoni waschen, Kerne entfernen und in Stücke schneiden.
3. Die Karotten und die Zwiebeln schälen, die Karotten halbieren und die Zwiebeln vierteln.
4. Den Sellerie und die Petersilienwurzel schälen und grob schneiden.
5. Das Liebstöckel und die Petersilie waschen, trocknen und die Blätter grob hacken.
6. In einem Topf das Gemüse mit kaltem Wasser aufsetzen, mit Salz, Pfeffer und den verschiedenen Gewürzen zum Kochen bringen. Anschließend die Hitze reduzieren.
7. Das aufgekochte Fleisch zu dem Gemüse geben und ca. 90 Minuten im geschlossenen Topf köcheln lassen.
8. Danach das Fleisch aus dem Topf nehmen und in kleine Würfel schneiden und beiseite stellen. Die Brühe durch ein Sieb in einen anderen Topf gießen, mit Salz und Pfeffer evtl. nachwürzen.
9. Das Fleisch wieder in die Brühe geben.
10. Die Nestnudeln für 5 Minuten in die Brühe geben, danach mit einem Schaumlöffel die Nudelnester auf den Tellern anrichten, die Brühe darübergießen und servieren.

Kräuterrahm-Suppe

Zutaten:

1 Zwiebel
2 Knoblauchzehe
250 g Fenchel
250 g Kartoffeln
4 EL Butter
500 ml Fleischbrühe
500 ml Jogurt
2 Bund Petersilie
je 2 EL frischen Majoran, Dill, Kerbel, Kresse, Schnittlauch
1 EL Speisestärke
4 Eigelbe
Salz Pfeffer und Zucker
geriebene Muskatnuß
1 Schuß Weißwein

1. Die Zwiebel und die Knoblauchzehen schälen und fein würfeln.
2. Den Fenchel und Kartoffeln schälen und in Streifen schneiden.
3. Die Butter in einem Topf schmelzen, nach und nach die Zwiebel- und Knoblauchwürfel sowie die Kartoffel- und Fenchelstreifen darin andünsten.
4. Mit der Gemüsebrühe angießen und 25 Minuten leicht köcheln lassen, anschließend den Jogurt einrühren.
5. Die verschiedenen Kräuter waschen und fein hacken.
6. Die Speisestärke mit etwas Wasser anrühren und in die Suppe einrühren, nochmals aufkochen lassen und die Kräuter unterrühren. Die Hitze reduzieren.
7. Die Eigelbe verquirlen und unter die nicht mehr kochende Suppe rühren.
8. Mit Salz, Pfeffer, Zucker, Muskatnuß und Weißwein abschmecken.

Mit türkischem Weißbrot servieren.

Rote Linsen - Suppe

Zutaten:

100 g rote Linsen
100 g feiner Bulgur
1 Zwiebel
60 g Butter
2 EL Tomatenmark
1 EL scharfe Paprikapaste
1 3/4 l Wasser
Salz und Pfeffer
1 TL getrocknete Minze Nane

Den Weizenschrot, Bulgur und die getrocknete Minze, Nane erhält man in türkischen Fachgeschäften!

1. Die Linsen waschen, durch ein Sieb abschütten, abtropfen lassen.
2. Die Zwiebel schälen, fein würfeln.
3. Die Butter, etwa 40 g in einem Suppentopf schmelzen lassen, die Zwiebeln darin glasig dünsten.
4. Die Linsen, den Bulgur das Tomatenmark und die Paprikapaste zugeben, mit Salz und Pfeffer würzen.
5. Alles gut verrühren und das Wasser angießen, ca. 45 Minuten bei mittlerer Hitze köcheln lassen. Ab und zu umrühren.
6. Die Suppe etwas abkühlen lassen mit einem Pürierstab pürieren, wenn nötig mit etwas Brühe verlängern, evtl. nachwürzen, noch einmal kurz aufkochen lassen.
7. Die restliche Butter in einem Pfännchen schmelzen lassen, die Minze einstreuen und mit der Butter verrühren.
8. Vor dem Servieren, die Minzebutter in die Suppe einrühren.

Chicorée - Suppe

Zutaten:

500 g Chicorée
1 Schalotte
2 EL Butter
50 ml trocknen Wermut
600 ml Gemüsebrühe
100 g rote Linsen
250 ml saure Sahne
Salz und Pfeffer
2 EL Orangensaft
1 Bund Petersilie

1. Die Linsen über Nacht in Wasser einweichen, durch ein Sieb abschütten, mit kaltem Wasser abspülen.
2. In einem Topf mit reichlich Salzwasser die Linsen weich kochen, das Wasser abschütten.
3. Den Chicorée waschen und in Streifen schneiden.
4. Die Schalotte schälen und klein schneiden.
5. Die Petersilie waschen, trocknen und die Blätter fein hacken.
6. In einem Topf die Butter schmelzen lassen und die Schalotte andünsten, die Chicoréestreifen zugeben und kurz mitdünsten.
7. Mit dem Wermut ablöschen und die Brühe angießen. Zugedeckt ca. 5 Minuten köcheln lassen.
8. Anschließend mit einem Pürierstab pürieren.
9. Die gegarten Linsen zugeben, nochmals aufkochen lassen, den sauren Rahm einrühren, den Orangensaft zugeben, mit Salz und Pfeffer abschmecken.
10. Vor dem Servieren mit der Petersilie bestreuen.

Linsensuppe mit Würstchen

Zutaten:

350 g Linsen
5 Zwiebeln
5 Knoblauchzehen
2 Karotten
3 EL Butter
2 l Gemüsebrühe
1 Lorbeerblatt
1 EL Kreuzkümmel
Salz
Cayennepfeffer
1 Zitrone
1 Bund Koriander
4 Würstchen

1. Die Linsen in reichlich Wasser 1 Stunde quellen lassen.
2. Die Zwiebeln und den Knoblauch schälen und grob hacken.
3. Die Karotten schälen und klein würfeln.
4. Die Butter in eine Suppentopf schmelzen lassen, die Zwiebeln, den Knoblauch und die Karotten darin ca. 10 Minuten dünsten.
5. Die Linsen durch ein Sieb abschütten, mit kaltem Wasser abspülen und in den Topf zu den gedünsteten Gemüsen geben und mit der Brühe angießen.
6. Den Kreuzkümmel im Mörser zerstoßen und zusammen mit dem Lorbeerblatt in die Suppe geben.
7. Mit Salz und Cayennepfeffer würzen.
8. Zugedeckt ca. 60 Minuten köcheln lassen.
9. In der Zwischenzeit den Koriander waschen, trocknen und die Blätter grob hacken.
10. Die Suppe mit Koriander bestreuen.
11. Die Zitrone in Spalten schneiden und separat zu der Suppe servieren.

Tarhana - Suppe

Zutaten:

1 Zwiebel
2 Paprika
2 Tomaten
30 Butterschmalz
150 g Hackfleisch vom Rind
1 1/2 l Fleischbrühe
100 g Tarhana - Mehl
Salz und Pfeffer
1/2 TL Paprikapulver
3 Scheiben Weiß- oder Toastbrot
30 g Butter

Tarhana, ein Mehl aus Weizen, getrocknetem Jogurt, Gemüsen und Gewürzen ist eine türkische Spezialität. Tarhana ist in türkischen Geschäften erhältlich.

1. Die Zwiebel schälen und fein hacken.
2. Die Paprika waschen, halbieren, Kerne und Trennwände entfernen und in feine Streifen schneiden.
3. Die Tomaten an der Blüte über Kreuz einschneiden, mit kochendem Wasser übergießen, kurz im Wasser liegen lassen, häuten und klein schneiden.
4. Die Hälfte von dem Butterschmalz in einem breiten Topf schmelzen, daß Fleisch darin anbraten, die Zwiebeln, die Paprikaschoten und die Tomaten nach und nach zugeben und mit anschmoren.
5. Die Brühe angießen, alles aufkochen lassen.
6. Den Topf von der Kochstelle nehmen und das Tarhana-Mehl unter ständigem Rühren einrieseln lassen.
7. Bei schwacher Hitze die Suppe ca. 10 Minuten köcheln lassen.
8. Mit Salz, Pfeffer und dem Paprikapulver abschmecken.
9. Zwischenzeitlich das Brot in Würfel schneiden, das restliche Butterschmalz in einer Pfanne erhitzen und die Brotwürfel goldbraun rösten.
10. Die Brotwürfel separat zu der Suppe servieren.

Reissuppe mit Jogurt

Zutaten:
200 g Langkornreis
1 Zwiebel
60 g Butter
1 3/4 l Fleischbrühe
250 g Jogurt
1 EL Mehl
3 Eigelb
Salz und Pfeffer
1/2 Zitrone(Saft)
1 TL Nane (getrocknete Minze)

Nane, getrocknete Minze erhält man in türkischen Fachgeschäften!

1. Die Zwiebel schälen und fein hacken.
2. In einem Suppentopf die Hälfte der Butter schmelzen lassen, die Zwiebeln darin glasig dünsten.
3. Den Reis zugeben, mitdünsten bis er glasig ist und die Brühe angießen, ca. 20 Minuten leicht köcheln bis der Reis gar ist.
4. Inzwischen den Jogurt in eine Schüssel geben, mit den Eigelben und dem Mehl gut verrühren.
5. Den Reis von der Herdplatte nehmen, einige EL Brühe in die Jogurtmischung geben, damit sie flüssiger wird, und unter Rühren die Mischung in die Suppe einlaufen lassen.
6. Weiter rühren und die Suppe dabei noch einmal erwärmen, nicht mehr kochen lassen, (sonst flockt der Jogurt aus).
7. Mit Salz, Pfeffer und Zitronensaft abschmecken.
8. Die restliche Butter in einem Pfännchen schmelzen, die Minze einrühren und kurz vor dem Servieren die Minzebutter über sie Reissuppe geben.

Feine Kartoffelsuppe

Zutaten:
4 EL Olivenöl
1 Schalotte
500 g Kartoffeln
3 Karotten
1 TL Majoran
Salz und Pfeffer
1/2 l Gemüsebrühe
1 Lorbeerblatt
1 Prise Muskat
1 Becher Jogurt
3 Eigelb
1 Bund Petersilie

1. Die Schalotte schälen und fein würfeln.
2. Die Kartoffeln und die Karotten schälen und in Würfel schneiden.
3. In einem Topf das Öl erhitzen, die Zwiebel darin glasig dünsten.
4. Die Kartoffel zugeben kurz mitdünsten und mit Salz, Pfeffer und Majoran würzen.
5. Mit der Gemüsebrühe angießen.
6. Das Lorbeerblatt hineinlegen und mit einer Prise Muskat verfeinern.
7. Die Hitze reduzieren und ca. 15 - 20 Minuten leicht köcheln lassen.
8. Sind die Kartoffeln weich, das Lorbeerblatt entfernen und die Suppe mit dem Pürierstab pürieren.
9. Den Jogurt mit dem Eigelben verrühren.
10. Die Suppe von der Herdplatte nehmen und mit der Jogurt - Ei - Mischung legieren.
Die Petersilie waschen, trocknen, die Blätter grob hacken und die Suppe damit bestreuen.

Pürierte Linsensuppe mit Paprikabutter

Zutaten:
200 g rote Linsen
1 Karotte
1/4 Sellerieknolle
1 Schalotte
1 Knoblauchzehe
70 g Butter
1 l Fleischbrühe
1/4 l Milch
Salz und Pfeffer
1 TL Paprikapulver, scharf

1. Die Linsen waschen, durch ein Sieb abschütten, beiseite stellen.
2. Die Karotte, die Schalotte, und den Sellerie schälen und klein schneiden.
3. Den Knoblauch schälen und zerdrücken.
4. 3 EL Butter in einem Suppentopf schmelzen lassen, zuerst die Schalotte, dann die vorbereiteten Gemüse darin ca. 5 Minuten glasig dünsten.
5. Die Linsen zugeben und mit der Fleischbrühe angießen.
6. Die Hitze reduzieren und bei geschlossenem Topf ca. 60 Minuten leicht köcheln lassen.
7. Sind die Linsen weich, mit einem Pürierstab die Suppe nur kurz pürieren und mit der Milch angießen. Die Suppe kurz aufkochen lassen und mit Salz und Pfeffer abschmecken.
8. Die restliche Butter in einem Pfännchen zerlassen und das Paprikapulver gut einrühren.
9. Die Suppe in die Tellern geben und mit der Paprikabutter beträufeln.

Kartoffel- Kürbis-Suppe

Zutaten:
500 g Kartoffeln
500 g Kürbis
125 g durchwachsener Speck
2 Zwiebeln
2 Stangen Lauch
500 ml Brühe
Salz und Pfeffer
1 EL Essig
1 EL Schmand
1 TL Zucker
4 Knoblauchwürstchen

1. Die Kartoffeln und den Kürbis schälen und beides in kleine Würfel schneiden.
2. Den Speck würfeln, die Zwiebel schälen und ebenfalls würfeln.
3. Die Speck- und die Zwiebelwürfel in einem Topf glasig dünsten.
4. Den Lauch putzen, in Ringe schneiden, waschen und abtropfen lassen.
Einige feine Ringe für die Dekoration zurücklegen.
5. Die Kartoffeln, den Kürbis, den Lauch zu den Zwiebeln geben und mitdünsten.
6. Mit der Brühe angießen und 25 Minuten garen lassen.
7. Eine Schaumkelle voll Gemüse aus der Suppe nehmen und beiseite stellen.
8. Die restliche Suppe pürieren, dann mit Salz, Pfeffer, Essig, Crème fraîche und Zucker süß-sauer abschmecken.
9. Die Knoblauchwurst in Scheiben schneiden.
10. Zum Schluß das zurückbehaltene Gemüse, die Lauchstreifen und die Wurstscheiben dazugeben, nochmals kurz erwärmen und servieren.

Roter Linseneintopf mit Knoblauchwurst

Zutaten:

250 g rote Linsen
1 l Wasser
1 Zwiebel
1 Knoblauchzehe
500 g Knoblauchwurst
1 Zwiebel
2 rote Paprikaschoten
2 EL Butter
2 EL Mehl
500 ml Gemüsebrühe
250 ml Weißwein
1 Bund Petersilie
Salz und Pfeffer

1. Eine Zwiebel schälen und vierteln.
2. Die Linsen in 1 l Salzwasser zusammen mit der geviertelten Zwiebel ca. 60 Minuten kochen. Anschließend abgießen und beiseite stellen.
3. Die Zwiebel schälen und in kleine Würfel schneiden.
4. Den Knoblauch schälen und zerdrücken.
5. Die Paprikaschoten waschen, entkernen und in kleine Würfel schneiden.
6. Die Wurst in Scheiben schneiden.
7. In einem Topf die Butter zerlassen, die Wurst darin anbraten, die Zwiebeln, den Knoblauch und die Paprikawürfel zugeben, ca. 10 Minuten mit andünsten.
8. Die gegarten Linsen in den Topf geben, mit Mehl bestäuben, kurz umrühren mit der Brühe und dem Wein angießen und einmal aufkochen lassen.
9. Mit Salz und Pfeffer würzen.
10. Die Petersilie waschen, trocknen und die Blätter grob hacken, unter den Eintopf rühren.

Gefüllte Zwiebel-Röllchen

Zutaten:
3 Gemüsezwiebeln
650 g Rinderhack
2 EL frischer Koriander
Salz und Pfeffer
1 Peperoni
1 Ei
1/2 TL Piment
etwas Muskat
4 TL Zitronensaft
2 TL Zucker
3 EL Olivenöl

1. Die Zwiebeln schälen, beide Enden entfernen und jede Zwiebel mit einem scharfen Messer von oben nach unten der Länge nach bis zur Mitte einschneiden.
2. Die so vorbereiteten Zwiebel in kochendes Wasser geben und 15 Minuten kochen.
3. Die Zwiebeln mit einem Schaumlöffel aus dem Wasser nehmen, abkühlen lassen und die einzelnen Schichten der Zwiebel vorsichtig auseinander nehmen.
Für die Füllung:
4. Die Petersilie waschen, trocknen und die Blätter fein hacken.
5. Das Hackfleisch, die Petersilie, das Ei und die Gewürze in eine Schüssel geben und alles gut vermengen.
6. Den Boden eines weiten Topfes mit kleineren Zwiebelschichten auslegen.
7. Die einzelnen, großen Zwiebelschichten mit einer Portion der Hackfleischmasse belegen und fest zusammenrollen. Dicht neben einander und mit der Öffnung nach unten in den ausgelegten Topf legen.
8. Den Zucker, den Zitronensaft und 150 ml Wasser vermischen, das Öl zugeben und über die Zwiebelröllchen gießen. Die Röllchen sollten bedeckt sein, wenn nötig noch etwas Wasser zugeben.
9. Zuletzt mit einem Teller die Röllchen beschweren und bei schwacher Hitze
ca. 45 - 50 Minuten garen, bis die Flüssigkeit fast aufgesogen ist.
Die Röllchen können kalt und warm serviert werden.

Karottensalat mit Kokosflocken

Zutaten:
8 Karotten
2 Orange
etwas Zucker
1 Glas Orangensaft
1 Limette (Saft)
50 g Kokosflocken
250 g Jogurt

1. Karotten schälen, raspeln und in eine Schüssel geben.
2. Die Orangen schälen, filetieren, häuten und klein schneiden, zu den Karotten geben und etwas zuckern.
3. Die Orange und die Limette auspressen, den Saft ebenfalls zu den Karotten geben.
4. Die Kokosflocken darüberstreuen und alles gut unterheben, sollte noch Flüssigkeit fehlen, nochmals Orangensaft zugeben.
5. Auf kleine flache Teller verteilen, den Jogurt darübergießen.

Ist ein sehr guter und schmackhafter Salat.

Kalte Lammkeule

Zutaten: *für 6 - 8 Personen*

1 Lammkeule, etwa 2 kg, mit Knochen
3 Knoblauchzehen
2 Limetten (Saft)
1 Bund Minze
1 Lorbeerblatt
2 Peperoni
Salz und Pfeffer
1 TL Oregano
1 TL Majoran
2 EL Butter
Tasse heißes Wasser

1. Die Lammkeule waschen, trocknen und zum Füllen schmale Schlitze in das Fleisch schneiden.
2. Den Knoblauch schälen und klein schneiden, in die Schlitze stecken.
3. Die Peperoni entkernen und klein schneiden.
4. Die Limetten auspressen und mit dem Saft die Lammkeule gut einreiben.
5. Das Backrohr auf 180° C vorheizen.
6. Die Keule in einen Bräter legen, den Bund Minze, die Peperoni und das Lorbeerblatt zugeben.
7. Im Backrohr ca. 60 Minuten schmoren lassen, dabei ab und zu wenden.
8. Nach ca. 60 Minuten das Fett abschöpfen, das heiße Wasser in den Bräter geben. Das Fleisch mit Butter bestreichen und nochmals ca. 90 Minuten schmoren lassen. bis die Keule gar ist.
9. Die Lammkeule erkalten lassen, anschließend in dünne Scheiben schneiden und auf einen Teller anrichten.

Gurkensalat mit Jogurt

Zutaten:

1 Salatgurke
250 g Sahnejoghurt
2 Knoblauchzehen
3 EL frische Minze
Salz und Pfeffer

1. Die Gurke schälen, raspeln, etwas salzen, und im Kühlschrank ca. 15 Minuten ziehen lassen.
2. Den Knoblauch schälen und zerdrücken.
3. Die Minzeblätter waschen, abzupfen und klein schneiden.
4. Den Jogurt in eine Schüssel füllen, mit dem Schneebesen aufschlagen, die Gewürze zugeben, alles gut verrühren.
5. Die Gurkenraspel entwässern und mit der Jogurtsauce vermischen.

Pikante Käsecreme

Zutaten:
200 g Schafskäse
175 g Jogurt
1 Bund Petersilie
1 TL Paprika
1 TL getrocknete Minze
2 Knoblauchzehen
Zum Garnieren:
2 Peperoni

1. Die Petersilie waschen, trocknen, einige Blättchen zur Seite legen, die restlichen fein hacken.
2. Den Knoblauch schälen und zerdrücken.
3. In einer Schüssel den Schafskäse mit einer Gabel zerdrücken, den Jogurt zugeben und mit dem Schneebesen zu einer feinen Creme verarbeiten.
4. Die Petersilie, die Minze, den Knoblauch und den Paprika zugeben und gut vermischen.
5. Die Peperoni waschen, die Kerne entfernen und die Schoten in feine Ringe schneiden.
6. Die Käsecreme auf einen flachen Teller anrichten, die Peperoniringe um die Käsecreme verteilen und mit den Petersilienblättern garnieren.

Schmeckt gut zu Fleisch und Gemüse oder als Aufstrich!

Türkischer Aubergine-Tomatensalat

Zutaten:
1 mittlere Aubergine
2 EL Zitronensaft
3 mittlere Tomaten
2 kleine Zwiebel
3 Knoblauchzehen
1 EL Tomatenmark
Essig und Olivenöl
1 TL Worchester - Sauce
Salz und Pfeffer
1 EL frischen Basilikum
1 EL frische Petersilie
1 Prise Zucker
geriebenen Schafskäse

1. Die Aubergine waschen, trocknen und im vorgeheizten Backofen bei 200° C ca. 5 Minuten backen (dieses mildert die Bitterstoffe in der Aubergine ab).
2. Anschließend die Aubergine in kleine Würfel schneiden, in eine Schüssel geben und mit dem Zitronensaft beträufeln, leicht umrühren.
3. Die Tomaten an der Blüte über Kreuz einschneiden, mit kochendem Wasser übergießen, kurz im Wasser liegen lassen, häuten und sehr klein schneiden, zu den Auberginen geben.
4. Die Zwiebel und den Knoblauch schälen und sehr fein schneiden, zu dem Salat geben.
5. Die Kräuter waschen, ebenfalls sehr fein hacken, zugeben, leicht unterheben.
6. Den Essig, das Öl und das Tomatenmark verrühren, mit Salz, Pfeffer und Worchester - Sauce würzen, über den Salat geben.
7. Alles gut vermengen, evtl. mit einer Prise Zucker abschmecken und mit den Kräutern und mit Schafskäse bestreuen.

Vor dem Servieren kaltstellen. Schmeckt vorzüglich als Vorspeise mit Fladenbrot.

Marinierte Champignons

Zutaten:

400 g frische Champignons
4 EL Zitronensaft
4 EL Olivenöl
2 Knoblauchzehen
1 Zitrone
1 Zwiebel
150 ml Gemüsebrühe
4 Tomaten
1 TL getrockneter Majoran
1 TL getrockneter Basilikum
1 EL Essig
1 Prise Zucker
Salz und Pfeffer
1 Bund Petersilie

1. Die Zitrone waschen, die Schale abreiben und die Zitronen auspressen, die abgeriebene Schale beiseite stellen.
2. Die Champignons putzen und mit Zitronensaft beträufeln.
3. Den Knoblauch schälen und zerdrücken.
4. Die Zwiebel schälen und fein hacken.
5. Die Tomaten an der Blüte über Kreuz einschneiden, mit kochendem Wasser übergießen, kurz im Wasser liegen lassen, häuten und in kleine Würfel schneiden.
6. Das Öl in einer Pfanne erhitzen und den Knoblauch darin andünsten, nach und nach die Zwiebel, die Zitronenschale und die Champignons zugeben, mitdünsten.
7. Mit der Gemüsebrühe angießen.
8. Die Tomatenwürfel zugeben, mit Salz, Pfeffer, Majoran und Basilikum würzen.
9. Die Hitze reduzieren und bei schwacher Hitze ca. 5 - 10 Minuten zugedeckt köcheln lassen.
10. Mit Zucker und Essig abschmecken.
11. Die Petersilie waschen, trocknen, die Blätter grob hacken und unter das Gemüse mischen.
12. In eine Schüssel füllen, erkalten lassen, im Kühlschrank über Nacht marinieren.

Backobst - Salat

Zutaten:

500 g getrocknete Aprikosen
250 g Backpflaumen
100 g Rosinen
100 g gestiftelte Mandeln
50 g Pinienkerne
150 g Zucker
30 ml Orangenblütenwasser

1. Das getrocknete Obst in einer flachen Schüssel dekorativ anrichten.
2. Die Nüsse, den Zucker und das Orangenblütenwasser über das Trockenobst geben.
3. Wasser zugeben bis das Obst bedeckt ist.
4. Mindestens 48 Stunden stehen lassen, so dass der Backobst - Salat seinen vollen Geschmack entwickeln kann.
5. Um den Sirup etwas anzudicken, einige Aprikosen mit etwas Flüssigkeit mit einem Pürierstab pürieren und wieder unter den Salat mischen.

Dieser Salat wird zu pikanten Fleischspeisen gereicht.

Gefüllte Weinblätter

Zutaten:
250 g Weinblätter frisch oder eingelegt
100 g Reis
2 EL Korinthen
2 Schalotten
8 EL Öl
4 EL gehackte Walnüsse
Zimt nach Geschmack
Zucker
350 ml Wasser
1 Bund Dill
1 Bund Koriander
1 Zitrone (Saft)
1 Zitrone
Salz, Pfeffer

1. Salzwasser zum Kochen bringen und die Weinblätter darin ca. 5 Minute sprudelnd kochen und ca. 5 Minuten ziehen lassen. Anschließend durch ein Sieb abschütten, und in eine Schüssel mit kaltem Wasser abschrecken. Dieses gilt für frische und eingelegte Weinblätter!

2. Die Korinthen in heißem Wasser für einige Minuten quellen lassen, beiseite stellen.

3. Die Schalotten schälen und fein hacken.

4. Die Hälfte des Öls in einer Pfanne erhitzen, die Schalotten darin glasig dünsten. Den Reis zugeben, mitdünsten bis er glasig ist.

5. Die Korinthen, die gehackten Nüsse zugeben, mit Salz, Zimt und Zucker würzen, gut durchrühren.

6. Mit Wasser angießen und zugedeckt bei schwacher Hitze den Reis ca. 15 - 20 Minuten garziehen lassen, bis das Wasser aufgesogen ist. Den Deckel abnehmen und den Reis abkühlen lassen.

7. Die Weinblätter aus dem Wasser nehmen, abtropfen lassen.

8. Den Dill und den Koriander waschen, trocknen und grob hacken.

9. Den Boden des Topfes mit einigen nicht so schönen Weinblättern auslegen.

10. Auf die anderen Blätter jeweils einem guten TL Reis geben, und von der Stielseite her einrollen, die Seiten einschlagen, damit die Fülle nicht austreten kann.

11. Die fertiggerollten Weinblätter mit der Öffnung nach unten dicht aneinander gelegt, damit die Blätter nicht aufgehen können, in den Topf einschichten.

12. Mit dem restlichen Öl und dem Zitronensaft beträufeln, Zitronenscheiben dazwischen stecken.

13. Mit Wasser so weit auffüllen, bis die Röllchen bedeckt sind.

14. Mit einem Teller beschweren, damit die Röllchen nicht aufgehen, und bei schwacher Hitze ca. 30 Minuten garen. Den Deckel abnehmen und in dem Topf die gefüllten Weinblätter erkalten lassen.

15. Auf einer Platte anrichten, mit den Kräutern bestreuen und servieren.

Fleischbällchen

Zutaten:

3 Scheiben Toastbrot
1 Zwiebel
8 EL Olivenöl
500 g Rinderhack
1 Ei
4 Knoblauchzehen
2 EL frischen Oregano
1 EL frische Minzeblätter
Salz und Pfeffer

1. Das Hackfleisch in eine Schüssel geben, salzen und pfeffern, das Ei aufschlagen und zugeben.
2. Die Zwiebel schälen, fein hacken und zu dem Fleisch geben.
3. Den Knoblauch schälen, zerdrücken und ebenfalls zu dem Fleisch geben.
4. Die Gewürze waschen, trocknen, fein hacken, mit in die Schüssel geben.
5. Das Toastbrot entrinden, mit Wasser anfeuchten, zu dem Fleisch bröseln.
6. Jetzt alles gut mit den Händen durchkneten und einen geschmeidigen Fleischteig herstellen.
7. Aus der Fleischmasse kleine Bällchen formen, etwa 1 Stunde in den Kühlschrank stellen und ruhen lassen.
8. Danach das restliche Öl in einer Pfanne erhitzen, und die Fleischbällchen unter häufigem Wenden kräftig anbraten.

Die Fleischbällchen können warm oder kalt serviert werden.

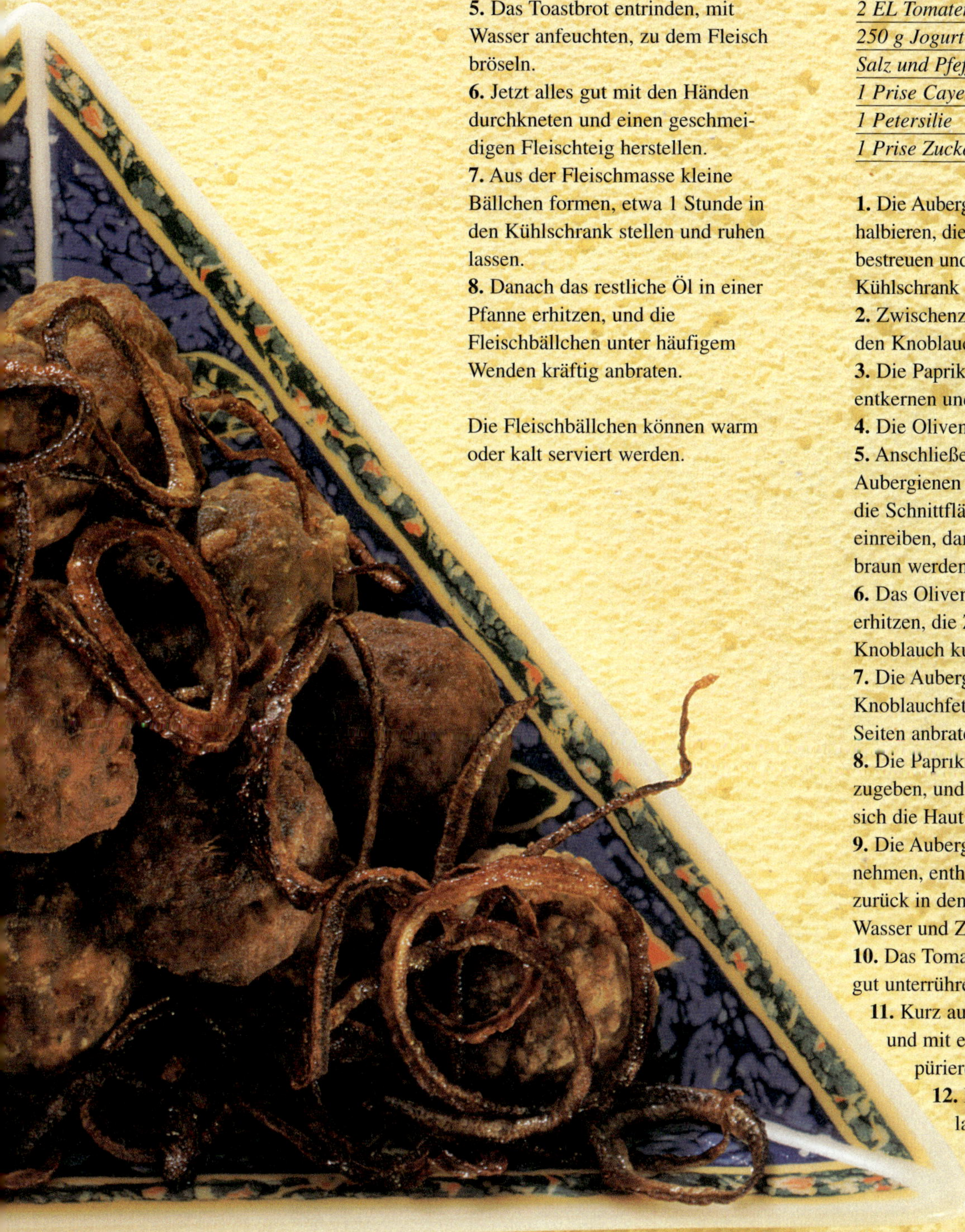

Auberginenpaste

Zutaten:

2 mittlere Auberginen
2 EL Salz
1 Zitrone (Saft)
120 ml Olivenöl
2 Knoblauchzehen
1 Zwiebel
1 rote und gelbe Paprikaschote
100 g schwarze Oliven
60 ml Wasser
60 ml Zitronensaft
2 EL Tomatenmark
250 g Jogurt
Salz und Pfeffer
1 Prise Cayennepfeffer
1 Petersilie
1 Prise Zucker

1. Die Auberginen waschen, trocknen, halbieren, die Hälften mit etwas Salz bestreuen und ca. 10 Minuten im Kühlschrank ziehen lassen.
2. Zwischenzeitlich die Zwiebel und den Knoblauch schälen und hacken.
3. Die Paprikaschoten waschen, entkernen und in Streifen schneiden.
4. Die Oliven entkernen.
5. Anschließend das Salz von den Aubergienen abspülen, trocknen und die Schnittflächen mit Zitronensaft einreiben, damit die Auberginen nicht braun werden.
6. Das Olivenöl in einem Topf erhitzen, die Zwiebeln und den Knoblauch kurz darin andünsten.
7. Die Auberginenhälften in das Knoblauchfett legen und von beiden Seiten anbraten.
8. Die Paprikastreifen und die Oliven zugeben, und solange dünsten bis sich die Haut der Auberginen löst.
9. Die Auberginen aus dem Topf nehmen, enthäuten, klein schneiden, zurück in den Topf geben und mit Wasser und Zitronensaft angießen.
10. Das Tomatenmark zugeben und gut unterrühren.
11. Kurz aufkochen lassen und mit einem Pürierstab pürieren.
12. Das Mus abkühlen lassen und den Jogurt unter ziehen, mit Salz, Pfeffer,Cayenne-pfeffe kräftig würzen.

Lamm mit Bulgur

Zutaten:

500 g mageres Lammfleisch
150 g feinen Bulgur
1 Zwiebel
1 Peperoni
1 TL Olivenöl
fi TL Paprikaplättchen
1 Prise Zimt
1 Prise Muskat
1 Bund Frühlingszwiebeln
Salz und Pfeffer
1 Zwiebel
1 Kopf weißen Lollo

Bulgur ist ein vorgegarter, geschroteter Weizen und ist in türkischen Fachgeschäften erhältlich, ebenso wie die Paprikaplättchen!

1. Die Zwiebel schälen, klein schneiden.

2. Den Bulgur in kaltem Wasser ca. 10 Minuten quellen lassen.

3. In der Zwischenzeit das Fleisch waschen, trocknen und durch den Fleischwolf drehen, evtl. mehrmals, sollte eine Paste werden. In den Kühlschrank stellen.

4. Den Bulgur durch ein Sieb abschütten, sehr gut ausdrücken.

5. Das Fleisch, die fein geschnittenen Zwiebel, den Bulgur, Salz und Pfeffer, den Zimt und das Muskat mit einem Pürierstab gut vermischen, mit den Händen nochmals durchkneten und in den Kühlschrank stellen.

6. Den Salat in einzelne Blätter zerlegen, waschen, trocknen und in eine Schüssel geben.

7. Die Frühlingszwiebeln waschen und in feine Ringe schneiden.

8. Die Zwiebel schälen und in Ringe schneiden.

9. Zum Anrichten das Fleisch auf eine Platte geben, einen Hügel bilden und in die Mitte mit dem Löffel eine Vertiefung drücken, in diese das Olivenöl hineingeben.

10. Mit den Frühlingszwiebeln und den in Ringe geschnittenen Zwiebeln garnieren.

11. Zusammen mit den Salatblättern anrichten, das Fleisch mit den Paprikaplättchen würzen.

12. Bei Tisch nimmt man sich ein Salatblatt, füllt etwas von der Fleischmasse hinein und wickelt das Blatt zusammen.

Kichererbsenbällchen

Zutaten:

150 g Kichererbsen
100 g feiner Bulgur
2 Knoblauchzehen
2 EL gehackte Petersilie
1 TL Backpulver
1 TL gemahlener Koriander
1TL gemahlener Kreuzkümmel
1/4 TL Chilipulver
3 EL Zitronensaft
2 TL Salz und Pfeffer
Sesamöl zum Ausbacken

1. Die Kichererbsen über Nacht gut mit Wasser bedeckt einweichen.
2. Den Bulgur mit kochendem Wasser begießen und ca.10 Minuten darin einweichen. Durch ein feines Sieb abtropfen lassen, anschließend fest ausdrücken.
3. Die Kichererbsen durch ein Sieb abschütten und gut abtropfen lassen.
4. Den Knoblauch schälen und grob schneiden.
5. Die Petersilie waschen und die Blätter grob hacken.
6. Die Kichererbsen, den Knoblauch, die Petersilie und den Bulgur in eine Küchenmaschine geben und mit dem Messereinsatz pürieren. Die Masse mit den Gewürzen wie Koriander, Kreuzkümmel, Chilipulver, Zitronensaft, Salz und Pfeffer würzen und gut verrühren.
7. Zum Schluss das Backpulver zugeben, die Zutaten gründlich mit den Händen zu einer festen Masse verarbeiten.
8. Ein bemehltes Brett vorbereiten.
9. Die Hände anfeuchten und die Masse zu walnußgroßen Bällchen formen, auf das Brett legen und ca. 30 Minuten ruhen lassen.
10. Das Öl in einer Friteuse auf 180° C erhitzen und die Kichererbsenbällchen goldgelb ausbacken, immer wieder wenden, damit die Bällchen gleichmäßig gebräunt werden.
Sie schmecken heiß als Vorspeise, aber auch hervorragend zu Salaten.

Kalbsleberpastete

Zutaten:
300 g Kalbsleber
2 EL Butterschmalz
2 Zwiebeln
65 g Butter
1 Karotte
1 Tomate
1 EL Petersilie
eingelegte Paprika
2 hart gekochte Eier
Salz und Pfeffer
Muskat

1. Die Eier hartkochen, abschrecken und abkühlen lassen.
2. Die Zwiebeln schälen, fein hacken.
3. Die Karotte schälen und fein raspeln.
4. Die Tomate an der Blüte über Kreuz einschneiden, mit kochendem Wasser übergießen, kurz im Wasser liegen lassen, häuten und klein schneiden.
5. Die Petersilie waschen, trocknen und fein hacken.
6. Die Kalbsleber waschen, trocknen, in Würfel schneiden.
7. In einer Pfanne 1 EL Butterschmalz schmelzen lassen und die Leber darin goldbraun braten, herausnehmen und in eine Schüssel geben.
8. Das restliche Butterschmalz in die Pfanne geben und die Zwiebeln, die Karottenraspel, die eingelegten Paprika und die Tomaten darin schmoren, die Petersilie kurz mit unterrühren, und den Pfanneninhalt in die Schüssel zu der Leber geben.
9. Mit dem Pürierstab die Zutaten in der Schüssel gut pürieren, die Butter zugeben und mit Salz, Pfeffer und Muskat würzen.
10. Die Form mit Öl auspinseln.
11. Die Pastete in eine Kastenform füllen, abdecken und über Nacht in den Kühlschrank stellen.
12. Kurz vor dem Servieren auf eine Platte stürzen und mit den harten Eiern garnieren.

Huhn auf Tscherkesenart

Zutaten:
1 kuchenfertiges Huhn
1 Karotte
1 Zwiebel
2 Nelken
einige Pfefferkörner
einige Wacholderbeeren
1 Lorbeerblatt
350 g Walnußkerne
1 TL Paprikapulver
6 Scheiben Toastbrot
1/4 l Hühnerbrühe
1/4 l Milch
Pfeffer
4 EL Walnußöl
1 Prise Cayennepfeffer
1 Bund Koriandergrün

1. Das Suppenhuhn unter fließendem, kalten Wasser waschen und trocknen.
2. Die Zwiebeln und die Karotte schälen und vierteln.
3. Das Huhn mit dem Salzwasser in einen Suppentopf geben, die Lorbeerblätter, Wacholderbeeren, Pfefferkörner, die Karotte und die Zwiebeln zugeben und zum Kochen bringen. Die Hitze reduzieren und bei schwacher Hitze das Geflügel ca. 60 Minuten gar kochen.
4. Das Huhn aus der Brühe nehmen, erkalten lassen und das Fleisch von den Knochen ablösen.
5. Die Walnüsse sehr fein hacken, einige schöne Hälften zur Garnierung ganz lassen.
6. Das Toastbrot entrinden und in etwas Hühnerbrühe einweichen, leicht ausdrücken, in eine Schüssel geben und beiseite stellen.
7. In einem weiten Topf die Walnüsse und das Paprikapulver ohne Öl leicht anrösten, bis das Öl der Nüsse ausschwitzt, erkalten lassen.
8. Das Koriandergrün waschen und die Blätter fein hacken.
9. Die Hühnerbrühe, die Milch und die Nüsse mit dem Paprika zu dem Toastbrot in die Schüssel geben und alles mit dem Pürierstab pürieren.
10. Das Brustfleisch des Huhns auslösen und in sehr feine Streifen zupfen, mit Salz und Pfeffer würzen.
11. Die Hälfte Fleisch mit der Hälfte Nussbrei mischen und auf eine Platte geben.
12. Das Walnußöl mit Cayennepfeffer mischen und darüberträufeln.
13. Das restliche Fleisch darauflegen und mit dem restlichen Nussbrei bedecken.
14. Ca. 30 Minuten bei Raumtemperatur durchziehen lassen.
15. Mit dem zurückbehaltenen Nusshälften verzieren und mit Koriandergrün bestreuen.

Okra-Reis

Zutaten:
500 g Rinder- Hackfleisch
1 große Dose geschälte Tomaten
1 große Dose Okra
1 Knoblauchzehe
1 EL Öl
1 Tassen Langkornreis
1/2 l Fleischbrühe
1 EL Pflanzenöl
Salz
weißer Pfeffer
Saft von 2 Zitronen

Die Okraschoten erhalten Sie in türkischen Fachgeschäften.

1. Die Knoblauchzehe schälen und durch die Presse drücken.
2. Das Öl in einer Pfanne erhitzen, den pürierten Knoblauch und den Reis zugeben, dann mit der Brühe aufgießen und den Reis zugedeckt 15 Minuten quellen lassen.
3. In der Zwischenzeit das Öl in eine Pfanne geben, erhitzen, das Hackfleisch zugeben und braten bis es hell wird.
4. Die Tomaten und die Okra aus der Dose nehmen, abtropfen lassen, die Tomaten grob zerkleinern, die Okra ganz lassen und zum Fleisch geben.
5. Mit Salz, Pfeffer und dem Zitronensaft würzen.
6. Den Reis mit der Okra-Fleischmasse vermengen und servieren.

Spiegelei auf Spinat

Zutaten:
1 kg Blattspinat frisch oder tiefgefroren
80 g Reis
1/2 l Gemüsebrühe
2 Zwiebeln
250 g Hackfleisch
3 EL Butter
1 Becher Jogurt
4 Eier
Salz und Pfeffer

1. Den frischen Spinat waschen, verlesen und ca. 5 Minuten blachieren.
2. Den Reis ca. 20 Minuten kochen, kalt abspülen und gut abtropfen lassen.
3. Die Zwiebeln schälen und klein schneiden.
4. Die Butter in einem Topf schmelzen lassen, das Fleisch und die Zwiebeln darin anbraten, bis der Fleischsaft verdampft ist und das Fleisch schön braun ist, die Hitze reduzieren.
5. Den Reis unterheben, kurz mitbraten lassen.
6. Die Spinatblätter zugeben und ca. 10 - 15 Minuten mitdünsten. Ab und zu umrühren.
7. Die Gemüsebrühe angießen, mit Salz und Pfeffer würzen, umrühren und weitere 20 - 30 Minuten zugedeckt köcheln lassen, immer wieder umrühren.
8. Die Eier aufschlagen und ca. 5 - 7 Minuten vor dem Servieren auf den Spinat geben, den Deckel schließen und die Eier stocken lassen. Den Jogurt gut verrühren und separat zu dem Spinat servieren.

Bunter Salat

Zutaten:
1 Kopf Blattsalat
2 Strauchtomaten
1 Bund Frühlingszwiebeln
1 kleine Salatgurke
1 kleine rote Paprika
1 kleine gelbe Paprika
2 Peperoni
50 g schwarze Oliven
100 g Schafskäse
4 EL Olivenöl
4 EL Essig
1 Zitrone (Saft)
etwas Zucker

1. Den Salat je nach Art waschen, trocknen und in Streifen schneiden oder zerpflücken.
2. Die Tomaten, die Paprikas und die Gurke waschen, trocknen und in kleine Würfel, die Tomaten in Scheiben schneiden.
3. Die Frühlingszwiebeln waschen und in Ringe schneiden.
Die Zwiebel schälen und in Ringe schneiden.
4. Die Peperoni waschen, die Kerne entfernen und in Ringe schneiden.
5. Den Schafskäse klein würfeln.
6. Die verschiedenen Gemüse nacheinander dekorativ in eine Schüssel geben, den Schafskäse und die Oliven zugeben.
7. Das Öl, den Essig und die Zitrone verrühren, mit etwas Zucker abschmecken und über den Salat gießen.

Sie können auch noch Jogurt dazu servieren.

Gefüllte Paprikaschoten

Zutaten:
4 große Paprikaschoten
2 Zwiebeln
40 g Butter
2 EL Pinienkerne
1 EL getrocknete Minze
1 EL Tomatenmark
200 g Reis
1l Gemüsebrühe
2 EL Korinthen
Salz und Pfeffer
1 Bund Petersilie
2 Strauchtomaten

1. Die Paprikaschoten waschen, die Deckel abschneiden, die Kerne und Trennwende entfernen.
2. Die Zwiebeln schälen und klein schneiden.
3. In einer Pfanne die Butter erhitzen, die Pinienkerne und die Zwiebeln darin anrösten, mit der getrockneten Minze würzen.
4. Danach den Reis zugeben und 5 - 10 Minuten mit anrösten, das Tomatenmark zugeben und gut verrühren.
5. Anschließend mit Gemüsebrühe den Reis angießen, mit Salz würzen und zugedeckt ca. 15 Minuten garen lassen, bis die Flüssigkeit aufgesogen ist.
6. Inzwischen die Korinthen in heißem Wasser einweichen.
7. Die Petersilie waschen, trocknen und die Blätter fein hacken.
8. Die Tomaten waschen, trocknen und für die gefüllten Paprikaschoten Deckel schneiden.
9. Ist der Reis gar, die Korinthen aus dem Wasser nehmen, ausdrücken und mit der Petersilie unter den Reis rühren.
10. Eine feuerfeste Form mit Olivenöl auspinseln, das Backrohr auf 200° C vorheizen.
11. Die Reismischung in die Paprikaschoten füllen, je eine Tomatenscheibe daraufsetzen und in die Auflaufform stellen. Einige Butterflöckchen auf den gefüllten Schoten verteilen, mit etwas Brühe angießen und im Backrohr ca. 45 Minuten schmoren lassen.

Nudeltaschen mit Kartoffelfüllung

Zutaten:
350 g Weizenmehl
2 Eier
1 EL Essig
8 EL Wasser
Für die Kartoffelfüllung:
600 g Kartoffeln
5 EL Butter
1 Zwiebel
1 Knoblauchzehe
3 EL Petersilie
Salz und Cayennepfeffer
1/2 TL gemahlener Kreuzkümmel
3 Eier
150 g Schafskäse
1 Eiweiß zum Bestreichen
125 g Butter
Salz

1. Das Mehl in eine Schüssel sieben, die Eier, den Essig und das Wasser zugeben und zu einem Teig verkneten.

2. Den Teig in eine Alufolie einrollen und 1 Stunde ruhen lassen.

3. Zwischenzeitlich die Kartoffeln schälen und in Salzwasser kochen.

4. Die Zwiebel schälen und fein würfeln.

5. Den Knoblauch schälen und zerdrücken.

6. Die Petersilie waschen, trocknen und die Blätter fein hacken.

7. Die Kartoffel abschütten und durch eine Kartoffelpresse drücken und die Petersilie unterrühren.

8. Die Butter in einer Pfanne erhitzen, die Zwiebel und den Knoblauch darin andünsten, mit Salz, Cayennepfeffer und Kreuzkümmel würzen, unter das Kartoffelpüree mischen.

9. Die Eier aufschlagen und trennen. Die Eigelbe und den zerdrückten Käse ebenfalls unter das Kartoffelpüree rühren.

10. Die Eiweiße mit einer Gabel aufschlagen, sie werden zum Verkleben der Teigränder benötigt.

11. Den Teig aus der Alufolie nehmen, auf einer leicht bemehlten Arbeitsfläche dünn ausrollen und runde Teigplatten mit einem Durchmesser von 8 - 10 cm ausstechen.

12. Die Kartoffelmasse auf die Teigplatten verteilen, die Teigränder mit Eiweiß bestreichen und zusammenklappen. Die Ränder müssen fest zusammengedrückt werden.

13. In einem Topf Salzwasser zum Kochen bringen, die Teigtaschen in das kochende Wasser einlegen, die Hitze reduzieren und die Taschen ca. 10 - 20 Minuten ziehen lassen.

14. In der Zwischenzeit die Butter mit dem Salz in einem kleinen Topf schmelzen lassen.

15. Die fertigen Nudeltaschen mit einem Schaumlöffel aus dem Wasser nehmen, auf einer Platte anrichten und mit der Butter übergießen.

Zucchinipuffer mit Zitronenjoghurtsauce

Zutaten:

500 g Zucchini
1 Schalotte
1 Zitrone (Saft)
75 g Weizenmehl
4 Eier
Salz und Pfeffer
3 EL Minze
2 EL Dill
Olivenöl zum Braten

Für die Sauce:

3 Becher Jogurt
1 Zitrone (Saft)
3 EL Zitronenmelisse
2 EL Honig
1 Prise gemahlenen Kreuzkümmel
1 Msp. Paprika
Salz und Pfeffer

1. Die Zitone waschen, die Schale abreiben und die Zitrone anschließend auspressen.
2. Die Zucchini waschen und fein raspeln.
3. Die Zwiebeln schälen und fein schneiden.
4. Die Minze und den Dill waschen und fein hacken.
5. Die Zucchiniraspel, die Zwiebel und die Zitronenschale in eine Schüssel geben und mit dem Zitronensaft beträufeln.
6. Das Mehl und die Eier zugeben, mit den Händen zu einem Teig verarbeiten, mit Salz und Pfeffer kräftig würzen und die Kräuter zugeben. Den Teig beiseite stellen.

Zunächst die Sauce zubereiten:
7. Die Zitronenmelisse waschen, trocknen und klein schneiden.
8. Die Zitrone auspressen.
9. Den Jogurt mit dem Zitronensaft, der Zitronenmelisse, dem Honig, dem Kreuzkümmel verrühren und mit den Gewürzen abschmecken.

Die Zucchinipuffer ausbacken:
10. Das Öl in einer Pfanne erhitzen, mit einem Löffel den Zucchiniteig in das heiße Fett geben, die Puffer mit dem Löffel flachdrücken und formen, auf jeder Seite ca. 2 Minuten goldgelb backen.
11. Die fertigen Zucchinipuffer im Backrohr oder in einem anderen Topf warmhalten.

Die Zucchinipuffer auf einer Platte anrichten und die Sauce dazu servieren.

Zu diesem Gericht können verschiedene Dips gereicht werden

Gemüse im Teig

Zutaten:
6 kleine Karotten
200 g Brokkoliröschen
200 g Champignons
1 Paprikaschote
2 l Salzwasser
1 Schalotte
1 Lorbeerblatt
2 Nelken
4 Pfefferkörner
4 Wacholderbeeren
100 g Maismehl
1 Prise Salz
1 Prise Muskat
1/4 l Milch
2 Eigelb
2 Eiweiß
1 Bund Petersilie
Öl zum Fritieren

1. Die Karotten schälen, den Brokkoli waschen und in kleine Röschen zerteilen, die Champignons putzen.
2. Die Paprika waschen und in Ringe schneiden, die Kerne entfernen.
3. Die Schalotte schälen und vierteln.
4. Das Salzwasser erhitzen, die vorbereiteten Gemüse, (die Paprikaringe müssen nicht vorgegart werden), die Zwiebel und die Gewürze wie Lorbeerblatt, Nelken, Pfefferkörner und Wacholderbeeren hineingeben und ca. 5 - 10 Minuten köcheln lassen, die Gemüse mit einem Schaumlöffel aus dem Salzwasser nehmen und auf Küchenkrepp gut abtropfen lassen.
5. Inzwischen das Mehl in eine Schüssel geben, mit Salz und Muskat würzen.
6. Die Milch und die Eigelbe zugeben und zu einem glatten Teig verrühren.
7. Die Eiweiße sehr steif schlagen und unter den Teig heben.
8. Reichlich Öl in einer Friteuse erhitzen.
9. Die einzelnen Gemüse durch den Teig ziehen und in der Friteuse goldgelb ausbacken.
10. Die Petersilie waschen, in der Friteuse kurz frittieren (vorsicht es spritzt wenn Petersilie in Fett getaucht wird)und zum Garnieren verwenden.

KÖSTLICHE, KLEINE GERICHTE AUS DEM ORIENT

Gefüllte Teigröllchen

Zutaten:
Für Schafskäseröllchen:
200 g Schafskäse
1/2 Bund Dill
1/2 Bund Petersilie
1 Packet Yufka (Teigplatten)
Für Hackfleischröllchen:
100 g Rinderhackfleisch
1 Schalotte
1 Bund Petersilie
Salz und Pfeffer
Paprika

Yufka - Teigplatten erhalten Sie im türkischen Fachgeschäften! Es gibt sie als ganze Platten oder bereits als Dreiecke zu kaufen!

Die Teigplatten vorsichtig auseinanderfalten, 2 Platten übereinander legen und mit einem scharfen Messer vierteln, jedes Viertel nochmals wie Tortenstücke in 3 Teile schneiden, so erhalten Sie 24 Dreiecke.
Oder gleich die Dreiecke verwenden.
Füllung mit Schafskäse:
1. Die Petersilie und den Dill waschen, trocknen und fein hacken.
2. Den Käse mit einer Gabel zerdrücken und die Gewürze unterrühren.
3. Auf je ein Teil des Teiges, an der breiten Seite etwas Käse daraufsetzen, die Ränder rechts und links umklappen und wie eine Zigarette zusammenrollen, die Spitze mit etwas Wasser zukleben.
Füllung mit Hackfleisch:
1. Die Schalotte schälen und reiben.
2. Die Petersilie waschen, trocknen und die Blätter fein hacken.
3. In einer Pfanne das Öl erhitzen, die geriebene Schalotte und das Hackfleisch kurz darin anbraten.
4. Mit der Petersilie, dem Salz, dem Pfeffer und dem Paprika würzen, alles verrühren und auf die breite Seite des Dreieckes legen, die Seiten einschlagen und zusammenrollen, mit etwas Wasser die Spitze verkleben.
Die Röllchen ausbacken:
5. In einer Pfanne reichlich Öl erhitzen und die gefüllten Röllchen darin goldbraun backen.
Schmecken warm und kalt!

Setzeier auf Tomaten

Zutaten:
4 Strauchtomaten
1 Schalotte
50 g Butter
4 Eier
1 Schuss Rotwein
Salz und Pfeffer
1/2 TL Kreuzkümmel
Majoran
80 g schwarze Oliven

1. Die Tomaten an der Blüte über Kreuz einschneiden, mit kochendem Wasser übergießen, kurz im Wasser liegen lassen, häuten und klein schneiden.
2. Die Schalotte schälen und in kleine Würfel schneiden.
3. Die Oliven entkernen und klein schneiden.
4. In einer Pfanne die Hälfte der Butter schmelzen lassen, die Schalotte, die Oliven und die Tomaten nach und nach zugeben und andünsten.
5. Mit etwas Rotwein ablöschen und mit Salz, Pfeffer, Kreuzkümmel und Majoran würzen und köcheln lassen, bis die Flüssigkeit verdunstet ist.
6. Die Eier auf die Tomatenmasse schlagen, den geriebenen Schafskäse darüberstreuen von der restlichen Butter Flöckchen auf den Auflauf setzen.
7. Den Backofen auf 180° C erhitzen, die Pfanne in das Rohr stellen und den Auflauf so lange backen, bis die Eier stocken und der Käse geschmolzen ist.

Dazu wird Fladenbrot serviert.

Lammeintopf mit Okraschoten

Zutaten:
1 kg mageres Lammfleisch
Olivenöl
2 große Zwiebel
1 kg Okraschoten
4 Knoblauchzehen
5 Strauchtomaten
1 Peperoni
1 EL Tomatenmark
1 Lorbeerblatt
Salz und Pfeffer
1 TL Kreuzkümmel
scharfer Paprika
1 Limette (Saft)
1 Bund Petersilie

1. Das Fleisch in 2 cm große Würfel schneiden.
2. Die Zwiebeln und den Knoblauch schälen und klein schneiden.
3. Die Okraschoten waschen, putzen und die Stiele entfernen.
4. Die Tomaten an der Blüte über Kreuz einschneiden, mit kochendem Wasser übergießen, kurz im Wasser liegen lassen, häuten und klein schneiden.
5. Das Öl in einem großen, weiten Topf erhitzen, das Fleisch darin kross anbraten.
6. Die Zwiebel, die Peperoni die Tomaten und den Knoblauch zugeben und mitdünsten.
7. Die Okraschoten zu dem Fleisch geben, umrühren und etwas mitschmoren lassen.
8. Die Gewürze wie Tomatenmark, Lorbeerblatt, Salz, Pfeffer, Paprika, Kreuzkümmel und Limettensaft zugeben, mit Wasser angießen. Zugedeckt ca. 90 Minuten bei schwacher Hitze garen.
9. Die Petersilie waschen, trocknen, die Blätter grob hacken und vor dem Servieren über den Eintopf streuen.

Dazu passen hervorragend Reis oder Kartoffeln.

Linsen mit Reis

Zutaten:
350 g Linsen
1 Peperoni
1 große Karotte
2 große Gemüsezwiebeln
6 EL Olivenöl
175 g Langkornreis
1 1/2 l Gemüsebrühe
Salz und Pfeffer
1 TL Kreuzkümmel
1 Bund Koriander

1. Die Linsen gut mit Wasser bedeckt ca. 1 Stunde einweichen.
2. Die Peperoni waschen, der Länge nach halbieren, Kerne entfernen und fein hacken.
3. Die Karotte schälen und klein würfeln.
4. Die Gemüsezwiebeln schälen und in feine Ringe schneiden.
5. 3 EL Öl in einem Suppentopf erhitzen, die Karotte und die Peperoni darin andünsten.
6. Den Reis zugeben und ca. 5 - 10 Minuten mit andünsten, bis er glasig ist.
7. Inzwischen die Linsen durch ein Sieb abschütten, mit kaltem Wasser abspülen, abtropfen lassen und in den Topf geben, die Gemüsebrühe angießen mit Salz, Pfeffer und Kreuzkümmel würzen und zugedeckt ca. 50 Minuten köcheln lassen. Immer wieder umrühren, damit nichts anbrennt, wenn nötig noch Flüssigkeit zugeben.
8. Das restliche Öl in einer Pfanne erhitzen und die Zwiebelringe knusprig - braun anbraten.
9. Den Koriander waschen, trocknen und die Blätter grob hacken.
10. Den Reis - Linsen - Eintopf auf Tellern anrichten, mit den Zwiebelringen belegen und mit dem Koriandergrün bestreuen.

Deftige Wachtelbohnen mit Knoblauchwurst

Zutaten:

500 g Wachtelbohnen
2 l Wasser
2 Knoblauchzehen
2 Zwiebeln
2 Kartoffeln
4 Karotten
2 Stangen Lauch
Olivenöl
1 l Gemüsebrühe
1/2 TL getrockneter Majoran
1/2 TL getrocknetes Bohnenkraut
1 EL Kreuzkümmel
Essig
500 g Knoblauchwurst
Salz und Pfeffer

1. Die Bohnen über Nacht in Wasser einweichen, abgießen und beiseite stellen.
2. Die Zwiebeln, die Karotten und die Kartoffeln schälen und klein würfeln.
3. Den Lauch putzen, waschen und in Ringe schneiden.
4. Den Knoblauch schälen und zerdrücken.
5. Das ÖL in einem Topf erhitzen, den Knoblauch darin dünsten.
6. Die Zwiebeln zugeben.
7. Die Karotten, die Kartoffeln und den Lauch nach und nach in den Topf geben, gut durchrühren und einige Zeit mitdünsten.
8. Die Bohnen zugeben, mit Majoran, Bohnenkraut und Kreuzkümmel würzen, mit der Gemüsebrühe angießen, kräftig aufkochen lassen anschließend die Hitze reduzieren.
9. Mit geschlossenem Deckel den Eintopf ca. 50 - 60 Minuten leicht köcheln lassen, ab und zu umrühren.
10. Die Wurst in ca. 5mm dicke Scheiben schneiden und ca. 10 Minuten vor dem Servieren in die Suppe geben, damit sie noch warm wird.
11. Mit Essig, Salz und Pfeffer abschmecken.

Kichererbsen mit Knoblauchwurst

Zutaten:
250 g Kichererbsen
1 l Wasser
1 Zwiebel
1 Peperoni
2 Knoblauchzehen
3 Karotten
2 Stangen Lauch
1/2 Knolle Sellerie
3 Kartoffeln
3 Tomaten
4 EL Olivenöl
1 TL Oregano
1 TL Kreuzkümmel
1 Prise Cayennepfeffer
1 l Gemüsebrühe
Salz und Pfeffer
500 g Knoblauchwurst
1 Becher Schmand
1 Bund Koriander

1. Die Kichererbsen über Nacht in reichlich Wasser einweichen, dann abgießen und beiseite stellen.
2. Die Zwiebel schälen und würfeln.
3. Den Knoblauch schälen und zerdrücken.
4. Die Kartoffeln, die Karotten und den Sellerie schälen und in Würfel schneiden.
5. Den Lauch waschen und in Ringe schneiden.
6. Die Tomaten an der Blüte über Kreuz einschneiden, mit kochendem Wasser übergießen, kurz im Wasser liegen lassen, häuten und klein würfeln.
7. Das Öl in einen weiten Topf erhitzen und den Knoblauch und die Zwiebel darin andünsten, die Gewürze wie Oregano und Kreuzkümmel zugeben und mit unterrühren.
8. Nach und nach die Karotten, den Sellerie, die Kartoffeln und den Lauch zugeben, kräftig durchrühren und zugedeckt etwas schmoren lassen, mit Salz und Cayennepfeffer würzen.
9. Zum Schluss die Tomaten in den Topf geben, mit durchrühren und die Kichererbsen zufügen, mit der Gemüsebrühe angießen leicht aufkochen lassen. Die Hitze reduzieren und ca. 60 Minuten bei geschlossenem Deckel garen.
10. Ca. 10 Minuten vor dem Servieren den Schmand in den Eintopf rühren, die ganzen oder in Scheiben geschnittenen Würste hinein legen und garziehen lassen.
11. Der Eintopf darf nicht mehr kochen, sonst flockt der Schmand aus!
12. Den Koriander waschen, trocknen, die Blätter fein hacken und über den Eintopf geben.

Scharfer-Lammtopf

Zutaten:
Für die Marinade:
1 EL Olivenöl
4 Zwiebeln
2 Knoblauchzehen
1 Msp. Chilipulver
2 rote Peperoni
1 EL Tomatenmark
200 ml Crème fraîche
Außerdem:
750 g Lammfleisch
250 g Linsen
2 l Wasser
2 EL Olivenöl
Salz und Pfeffer
1/2 l Fleischbrühe
1 Dose Tomaten

Für die Marinade:
1. Die Zwiebeln und den Knoblauch schälen und fein hacken.
2. Die Peperonis waschen, die Kerne entfernen und klein hacken.
3. Die Zwiebeln, den Knoblauch, die Peperonis, das Chilipulver, das Öl und das Crème fraîche in einer größeren Schüssel verrühren.
4. Das Fleisch waschen, trocknen, in ca. 2 cm große Würfel schneiden und 2 Stunden in der Marinade beizen.
5. Die Linsen waschen und in 2 l Salzwasser ca. 30 -40 Minuten kochen, abgießen und beiseite stellen.
6. Das Fleisch aus der Marinade nehmen, gut abtropfen lassen.
7. Das Öl in einem weiten Topf erhitzen, das Fleisch darin kross anbraten und mit der Marinade angießen.
8. Bei schwacher Hitze ca. 15 Minuten mit geöffneten Deckel schmoren lassen. Hin und wieder umrühren, mit Salz und Pfeffer würzen.
9. Die Linsen zugeben und mit der Fleischbrühe angießen und ca. 35 Minuten im geschlossenen Topf garen.
10. Die Tomaten abtropfen lassen, klein schneiden und zum Schluss unter das Fleisch mischen.

Mit Salzkartoffeln oder Fladenbrot servieren.

Fladenbrot mit Hackfleischfüllung

Zutaten:
1 Fladenbrot
400 g Rinderhack
2 Zwiebeln
2 Knoblauchzehen
1 Peperoni
2 Strauchtomaten
3 EL Olivenöl
1 TL frischer, gehackter Oregano
1 TL frischer, gehackter Thymian
Salz und Pfeffer
Zum Garnieren:
1 Eisbergsalat
2 hart, gekochte Eier
2 Strauchtomaten
1 Schalotte

1. Die Eier hartkochen, abschrecken und erkalten lassen.
2. Die Zwiebeln schälen und kleinhacken.
3. Den Knoblauch schälen und zerdrücken.
4. Die Peperoni der Länge nach halbieren und die Kerne entfernen und in halbe Ringe schneiden.
5. Die Tomaten an der Blüte über Kreuz einschneiden, mit kochendem Wasser übergießen, kurz im Wasser liegen lassen, häuten und klein schneiden.
6. Das Olivenöl in einer Pfanne erhitzen und die Zwiebel, den Knoblauch und die Peperoni darin andünsten.
7. Das Hackfleisch zugeben und mit Oregano, Thymian, Salz und Pfeffer würzen und anbraten bis das Wasser verdunstet ist, anschließend die Tomatenwürfel zugeben und mitschmoren lassen, bis es nicht mehr so flüssig ist.
8. Den Backofen auf 200° C aufheizen und das Fladenbrot ca. 8 Minuten aufbacken.
9. Inzwischen den Salat zerlegen, waschen und in 5 mm breite Streifen schneiden.
10. Die Schalotte schälen und in feine Ringe schneiden.
11. Die Tomaten waschen und in Scheiben schneiden.
12. Die Eier schälen und sehr fein hacken.
13. Das Fladenbrot vierteln, Taschen einschneiden, mit Salat und Hackfleisch füllen, mit den Zwiebelringen, den Tomatenscheiben und den Eiern garnieren.

Gefülltes Fladenbrot

Zutaten:
1 Zwiebel
1 Knoblauchzehe
1 Paprikaschote
1 kleinen Eisbergsalat
1 Fladenbrot
350 g Knoblauchwurst
2 EL Olivenöl
1/2 TL getrockneter Oregano
Salz und Pfeffer
Für die Jogurtsauce:
1 Becher Jogurt
1 Knoblauchzehe
1 TL frische, gehackte Minze
1 TL frische, gehackte Petersilie
1EL Zitronensaft
Salz und Pfeffer

Für die Sauce:
1. Den Knoblauch schälen und zerdrücken.
2. Die Minze und die Petersilie waschen, trocknen und die Blätter fein hacken.
3. Den Jogurt in eine Schüssel geben, den Knoblauch, die Gewürze und den Zitronensaft gut verrühren, mit Salz und Pfeffer abschmecken. In den Kühlschrank stellen.
Für das Fladenbrot:
4. Die Zwiebel schälen und klein schneiden.
5. Den Knoblauch schälen und zerdrücken.
6. Die Paprikaschote halbieren, die Kerne entfernen und in kleine Streifen schneiden.
7. Den Salat zerlegen, waschen und in dünne Streifen schneiden.
8. Die Wurst in kleine Scheiben schneiden.
9. Den Backofen auf 200° C vorheizen und das Fladenbrot darin ca. 8 Minuten aufbacken.
10. Inzwischen, das Öl in einer Pfanne erhitzen die Zwiebel, den Knoblauch und die Paprikastreifen darin andünsten.
11. Die Wurst zugeben und mit dem Oregano, Salz und Pfeffer würzen, ca. 3 Minuten mitdünsten.
12. Das warme Fladenbrot vierteln und Taschen einschneiden.
13. Mit Eisbergsalat, Wurst-Gemüsemischung füllen und die Jogurtsauce darübergeben.

Kebab mit Yoghurt

Zutaten:
500 g Rind- oder Lammfleisch
500 ml Yoghurt
1 Fladenbrot
2 Zwiebeln
1 Knoblauchzehe
1 EL Olivenöl
1 EL Milch
4 EL Butter
Salz
Cayennepfeffer
zum Garnieren:
1 Bund Petersilie
2 Strauchtomaten

1. Die Zwiebel und den Knoblauch schälen und grob hacken, in eine Schüssel geben und mit einem Pürierstab pürieren.
2. Das Öl und die Milch zugeben und mit Salz und Pfeffer würzen, alles gut verrühren.
3. Das Fleisch waschen und in 2 cm große Stücke schneiden, in die Marinade geben, mit den Händen gut vermengen und über Nacht im Kühlschrank marinieren lassen.
4. Das Fleisch auf Spieße stecken und auf einem Holzkohlegrill oder in der Pfanne garen.
5. In der Zwischenzeit die Tomaten an der Blüte über Kreuz einschneiden, mit kochendem Wasser übergießen, kurz im Wasser liegen lassen, häuten und klein schneiden.
6. In einer Pfanne 1 EL Butter schmelzen und die Tomaten darin dünsten, mit Salz und Cayennepfeffer würzen, warm stellen.
7. Die Tomaten zum Garnieren waschen und vierteln.
8. Die Petersilie waschen und die Blätter klein hacken.
9. Die restliche Butter schmelzen.
10. Das Fladenbrot kurz auf den Grill oder bei 200° C in das Backrohr legen, anschließend mit geschmolzener Butter etwas tränken, dass Fleisch auf das Fladenbrot legen und die heiße Tomatensauce darübergeben, mit einen EL Jogurt, den Tomatenscheiben und der Petersilie garnieren.

Türkische Pizza

Zutaten:

Für den Hefeteig:

450 g Mehl
Salz
1/2 Päckchen Hefe

Für den Belag:

1 Bund Frühlingszwiebeln
4 Strauchtomaten
3 Peperoni
2 Bund Petersilie
300 g Rinderhack
2 TL Paprikaflocken
Salz und Pfeffer
1/2 TL Kreuzkümmel
3 EL Olivenöl
2 große Zwiebeln

1. Mehl und Salz in eine Schüssel geben.
2. Eine Vertiefung in das Mehl drücken und die Hefe hineinbröckeln. Die Hefe mit 1/4 l lauwarmen Wasser zu einem glatten Teig verrühren, von der Seite etwas Mehl dazu rühren und einen kleinen Vorteig herstellen. Zugedeckt ca. 15 Minuten an einen warmen Ort gehen lassen.
3. Anschließend das restliche Mehl unterrühren und mit den Händen zu einem glatten Teig verkneten.
4. Den Teig mit einem Küchentuch bedeckt an einem warmen Ort nochmals ca. 30 Minuten gehen lassen.
5. Den Backofen auf 170° C vorheizen.
6. Zwischenzeitlich die Frühlingszwiebeln putzen, waschen und in kleine Ringe schneiden.
7. Die Tomaten an der Blüte über Kreuz einschneiden, mit kochendem Wasser übergießen, kurz im Wasser liegen lassen, häuten und klein schneiden.
8. Die Peperonis der Länge nach halbieren, die Kerne entfernen und in halbe Ringe schneiden.
9. Die Petersilie waschen, trocknen, einige Blätter zur Garnierung aufheben, die restlichen Blätter grob hacken.
10. Das Hackfleisch in eine Schüssel geben und mit den vorbereiteten Gemüsen und den Gewürzen gut vermengen.
11. Auf einer bemehlten Arbeitsfläche den Teig ausrollen und auf ein gefettetes Backblech legen. Mit den Händen den Teig dem Blechboden anpassen.
12. Die Hackfleischmischung auf dem Hefeteig verteilen, mit etwas Olivenöl beträufeln und ca. 20 - 30 Minuten im Backrohr backen.
13. Die Zwiebeln schälen und in feine Ringe schneiden, mit etwas Salz bestreuen und in den Kühlschrank stellen.
14. Kurz vor dem Servieren die Zwiebelringe abspülen, trocknen und mit den Petersilienblättern auf die Pizza geben, sofort servieren.
Sie können auch kleine Teigräder (20 cm im Durchmesser) ausrollen und diese belegen

Hackfleisch - Fladen

Zutaten:
500 g Mehl
1 Päckchen Trockenhefe
1 Prise Zucker
1 Prise Salz
1 TL gemahlener Kreuzkümmel
1 Becher Jogurt
200 ml warmes Wasser
Mehl zum Ausrollen
3 EL Tomatenmark
400 g Rinderhack
60 ml Olivenöl
2 Zwiebeln
1 Peperoni
2 Knoblauchzehen
1 TL Salz
1 TL Majoran
1 Bund Koriandergrün
Salz und Pfeffer
Paprikapulver
etwas Ziegenkäse

1. In einer Schüssel das Mehl, die Hefe, den Zucker und den Kreuzkümmel vermischen.
2. Den Jogurt und das warme Wasser zugeben und zu einem glatten, geschmeidigen Teig verkneten.
3. Die Schüssel mit einem Küchentuch abdecken und den Teig an einem warmen Ort ca. 30 Minuten zum Gehen abstellen. Danach den Teig nochmals kräftig durchkneten.
4. In der Zwischenzeit die Zwiebeln schälen und fein hacken.
5. Den Knoblauch schälen und zerdrücken.
6. Die Peperoni der Länge nach halbieren und die Kerne entfernen und klein schneiden.
7. Das Koriandergrün waschen, trocknen und die Blätter grob hacken.
8. Den Teig nach dem nochmaligem, kräftigen durchkneten in vier Teile schneiden und auf einer bemehlten Fläche 1 cm dick und ca. 20 cm im Durchmesser ausrollen.
9. Die Teigräder auf 2 gefettete Backbleche legen und mit dem Tomatenmark bestreichen.
10. In einer Pfanne das Hackfleisch kross anbraten, die vorbereiteten Gemüse zugeben und mitbraten, alles mit Salz, Pfeffer, Majoran, Paprika und dem Koriander würzen.
11. Das Hackfleisch auf den Teigplatten verteilen, den zerbröckelten Ziegenkäse darübergeben und im vorgeheizten Backrohr bei 160 - 180° C ca. 15 Minuten backen.
12. Die Teigfladen aus dem Ofen nehmen, zusammenlegen und mit eingelegten Peperoni oder Salat servieren.

Thunfischfladen

Zutaten:
500 g Mehl
1 Päckchen Trockenhefe
1 EL Zucker
1 El Salz
1 TL gemahlener Kreuzkümmel
1 Becher Jogurt
200 ml warmes Wasser
Mehl zum Ausrollen
Für den Belag:
2 Zwiebeln
200 g Champignons
5 Strauchtomaten
2 Dosen Thunfisch in Öl
Tomatenmark
1/2 TL Majoran
1 /2 TL Oregano
Salz und Pfeffer

1. In einer Schüssel das Mehl, die Hefe, den Zucker und den Kreuzkümmel vermischen.
2. Den Jogurt und das warme Wasser zugeben und zu einem glatten, geschmeidigen Teig verkneten.
3. Die Schüssel mit einem Küchentuch abdecken und den Teig an einem warmen Ort ca. 30 Minuten gehen lassen, danach den Teig nochmals kräftig durchkneten.
4. In der Zwischenzeit die Zwiebeln schälen und in Ringe schneiden.
5. Die Champignons putzen und in Scheiben schneiden.
6. Die Tomaten an der Blüte über Kreuz einschneiden, mit kochendem Wasser übergießen, kurz im Wasser liegen lassen, häuten und klein schneiden.
7. Den Teig nach nochmaligem, kräftigen, durchkneten in vier Teile schneiden und auf einer bemehlten Fläche 1 cm dick und ca. 20 cm im Durchmesser ausrollen.
8. Die Teigräder auf 2 gefettete Backbleche legen und mit dem Tomatenmark bestreichen.
9. In einer Pfanne etwas Öl erhitzen, die Zwiebelringe und die Champignon darin andünsten.
10. Den Fisch in die Pfanne geben und unterheben, anschließend die Tomatenstückchen mit einrühren.
11. Mit Salz, Pfeffer, Majoran und Oregano würzen, etwas abkühlen lassen und auf den Teigplatten verteilen.
12. Im vorgeheizten Backrohr bei 180° C ca. 15 Minuten backen.
13. Die Teigfladen aus dem Ofen nehmen, zusammenlegen und servieren.

Türkischer Lamm-Topf

Zutaten:
Salz
350 ml Wasser
175 g Reis
10 getrocknete, entsteinte Pflaumen
600 g Lammfleisch aus der Keule
2 EL OlivenöL
2 Zwiebeln
2 Knoblauchzehen
125 ml Tomatensaft
Salz und Pfeffer
1 TL gemahlener Ingwer
1/4 TL gemahlener Zimt
50 g Korinthen
1 TL Piment
3 TL Zitronensaft
1 EL getrocknete Minze
Zum Garnieren:
50 g geschälte Mandeln
50 g Feta
1 EL Butter

1. Die Pflaumen 1 Stunde einweichen.
2. Den Reis im Salzwasser zum Kochen bringen, aufkochen lassen, Temperatur reduzieren, den Reis ca. 20 Minuten quellen lassen, danach abschütten und beiseite stellen.
3. Das Fleisch waschen, trocknen und in ca. 3 cm große Würfel schneiden.
4. Die Zwiebeln schälen und in klein hacken.
5. Den Knoblauch schälen und zerdrücken.
6. Das Öl in einem Bräter erhitzen, das Fleisch darin kross anbraten.
7. Die Zwiebeln und Knoblauch zugeben und glasig dünsten.
8. Mit dem Tomatensaft angießen und mit Salz, Pfeffer, Ingwer und Zimt würzen.
9. Den Eintopf ca. 90 Minuten leicht schmoren lassen.
10. Den Reis, die abgetropften Pflaumen, die Rosinen, das Piment, die Minze und den Zitronensaft zu dem Schmortopf geben, gut vermengen mit dem Käse bestreuen und im Backofen bei 200° C ca. 30 Minuten backen.
11. Die Mandeln in der Butter anrösten und vor dem Servieren über den Topf streuen.

Bulgur - Gratin süß

Zutaten:
200 g grober Bulgur
700 ml Milch
1 Zitrone (Schale)
4 EL Butter
2 Eigelbe
60 g Zucker
100 g Korinthen
3 Eigelbe
3 Birnen
4 EL Zimtzucker

1. Die Zitrone waschen und die Schale abreiben.
2. Die Milch in einen Topf geben und den Bulgur, den Zucker und die Zitronenschale bei schwacher Hitze einmal aufkochen lassen. Die Hitze reduzieren, den Deckel schließen und den Bulgur ca. 20 Minuten ausquellen lassen.
3. 2 EL Butter, und die Eigelbe unterrühren.
4. Inzwischen die Birnen schälen, vierteln, Kerngehäuse entfernen und in Scheiben schneiden.
5. Eine Auflaufform mit der restlichen Butter ausstreichen, einen Teil des Bulgurmilchbreies in die Form geben, die Birnenscheiben darauaf verteilen, mit dem restlichen Brei auffüllen und glattstreichen.
6. Das Ofenrohr auf 200° C aufheitzen und das Bulgurgratin ca. 30 Minuten backen lassen.
7. Das Gratin mit Zimtzucker bestreunen und mit Kompott servieren.

Bulgur - Gratin

Zutaten:
200 g grober Bulgur
700 ml Gemüsebrühe
40 g Butter
1 Knoblauchzehe
60 g Parmesankäse, gerieben
3 Eigelb

1. Den Knoblauch schälen und zerdrücken.
2. In einem Topf die Butter schmelzen, den Knoblauch darin andünsten, den Bulgur einstreuen, kurz umrühren und mit der Gemüsebrühe einmal aufkochen lassen.
3. Den Deckel schließen und bei milder Hitze ca. 20 Minuten ausquellen lassen.
4. Von der Herdplatte nehmen, den Parmesan und die Eigelbe unterrühren.
5. Eine feuerfeste Form mit etwas Butter ausstreichen, die Masse hineingeben und glatt streichen.
6. Mit einem Messer in Quadrate teilen. In das auf 200° C vorgeheizte Backrohr stellen und ca.30 Minuten backen.
7. Mit Salat servieren.

Sellerie - Salat

Zutaten:
4 Stangen Staudensellerie
1 1/2 l Salzwasser
Für die Salatsauce:
300 g Jogurt
1 Schalotte
1 Knoblauchzehe
Salz und Pfeffer
2 EL Petersilie
1 EL Essig
1 Prise Zucker

1. Den Sellerie waschen, in 1 cm große Stücke schneiden und in Salzwasser weich kochen.
Für die Sauce:
2. Die Schalotte und den Knoblauch schälen, die Schalotte klein scneiden, den Knoblauch zerdrücken.
3. Die Petersilie waschen, trocknen und die Blätter klein schneiden.
4. Den Jogurt in eine Schüssel geben, mit der Schalotte, dem Knoblauch und der Petersilie gut verrühren und mit Salz, Pfeffer, Essig und Zucker würzen.
5. Den Sellerie durch ein Sieb abschütten, erkalten lassen und unter die Jogurtsauce rühren.

Gefüllte Auberginentaschen

Zutaten:
4 Auberginen
Salz
Limettensaft
4 Zwiebeln
2 Tomaten
1 TL Oregano
1 TL Majoran
1 Bund Koriandergrün
Salz und Pfeffer
1 TL Zucker
1/4 l Gemüsebrühe
3 Knoblauchzehen
Worchestersauce
4 EL Olivenöl
Zum Garnieren:
einige Korianderblättchen

1. Die Auberginen waschen, die Stiele nicht entfernen, die Stiele nur dünn abschälen.
2. Mit einem kleinen, scharfen Küchenmesser die Schale der Auberginen der Länge nach so abschälen, daß ringsum ein Streifenmuster entsteht.
3. Da die Auberginen gefüllt werden sollen, der Länge nach einen tiefen Schlitz einschneiden, jedoch nicht durchschneiden.
4. Die so vorbereiteten Auberginen für ca. 25 Minuten in kaltes Salzwasser legen.
5. Inzwischen die Zwiebeln und den Knoblauch schälen.
6. Die Zwiebel in feine Ringe, den Knoblauch in feine Scheiben schneiden.
7. Die Tomaten an der Blüte über Kreuz einschneiden, mit kochendem Wasser übergießen, kurz im Wasser liegen lassen, häuten und in kleine Würfel schneiden.
8. Den Koriander waschen, trocknen und die Blätter grob hacken.
9. Die Zwiebel, den Knoblauch, die Tomaten und den Koriander in eine Schüssel geben und mit Oregano, Salz, Pfeffer Worchestersauce und Zucker würzen, alles gut miteinander verrühren.
10. Etwas Öl in eine Pfanne geben und die Gemüsemischung darin andünsten.
11. Die Auberginen aus dem Salzwasser nehmen, trocknen mit Limettensaft beträufeln, etwas von der Füllung in Schlitze geben und die Auberginen nebeneinander in einen weiten Topf setzen. Die restliche Füllung über die Auberginen geben.
12. Das Öl mit etwa 1/4 l Brühe verrühren und über die Auberginen gießen.
13. Kurz aufkochen lassen, die Hitze reduzieren und zugedeckt ca. 45 Minuten leicht köcheln.
14. Das Gemüse im Topf erkalten lassen.
15. Zum Servieren kalt auf einer Platte anrichten und mit Korianderblättern bestreuen.

Hackfleisch mit Auberginen

Zutaten:

1 Aubergine
4 Kartoffeln
1/8 l Olivenöl
Pfeffer
Rosmarin
5 Strauchtomaten
5 Zwiebeln
2 Knoblauchzehen
250 g Lammhack
250 g Rinderhack
Thymian
Salbei
Cayennepfeffer
3Eier
1/8 l Milch

1. Die Aubergine waschen, in Scheiben schneiden, salzen und ca. 20 Minuten im Kühlschrank ziehen lassen.
2. Die Kartoffeln schälen und in dünne Scheiben schneiden.
3. Eine Auflaufform mit Öl auspinseln, die Kartoffelscheiben einschichten, mit Pfeffer, Salz und Rosmarin würzen und ca. 25 Minuten bei 200° C backen.
4. Die Tomaten an der Blüte über Kreuz einschneiden, mit kochendem Wasser übergießen, kurz im Wasser liegen lassen, häuten und in Scheiben schneiden.
5. Die Zwiebeln und den Knoblauch schälen und klein würfeln.
6. In einer Pfanne das Öl erhitzen, die Zwiebeln und den Knoblauch darin glasig dünsten.
7. Das Hackfleisch zugeben und unter Rühren braten. Mit Salz, Pfeffer, den gehackten Kräutern und dem Cayennepfeffer kräftig würzen.
8. Abkühlen lassen und über die Kartoffeln verteilen.
9. Die Auberginenscheiben mit kaltem Wasser abspülen, gut trocknen und in heißem Öl ca. 3 - 5 Minuten braten, zwischendurch wenden. Aus der Pfanne nehmen und auf einen Küchenkrepp abtropfen lassen.
10. Die Auberginen und Tomaten schuppenmäßig auf das Hackfleisch legen.
11. Die Eier mit der Milch verquirlen und darübergießen.
12. Bei 200° C ca. 25 Minuten im Ofen fertig garen.

Gefüllte Auberginen mit Hirse

Zutaten:
2 Auberginen
Salz
1 Zitrone (Saft)
Für die Füllung:
50 g Goldhirse
300 g Tomaten
1/4 l Gemüsebrühe
1 Schalotte
1 Knoblauchzehe
1/2 Bund Schnittlauch
1/2 Bund Petersilie
Salz und Pfeffer
300 g Tomaten
1 Schalotte
Olivenöl
Pfeffer und Salz
Oregano
80 g Reibkäse

1. Die Auberginen waschen, halbieren und mit einem Teelöffel bis auf 1 cm Randstärke aushöhlen. Die Auberginen mit etwas Salz bestreuen, beiseite stellen.
2. Das ausgehöhlte Fruchtfleisch mit Zitronensaft beträufeln, 10 Minuten ziehen lassen, anschließend grob hacken.
3. Zwischenzeitlich die Hirse in der Gemüsebrühe ca. 10 Minuten kochen, dann die Hitze reduzieren und die Hirse zugedeckt weitere 10 Minuten quellen lassen.
4. Den Backofen auf 200° C vorheizen.
5. Die Auberginen mit kaltem Wasser abspülen, abtropfen lassen und mit Zitronensaft beträufeln.
6. Die Zwiebel, den Knoblauch schälen und fein hacken.
7. Die Tomaten an der Blüte über Kreuz einschneiden, mit kochendem Wasser übergießen, kurz im Wasser liegen lassen, häuten und klein schneiden.
8. Den Schnittlauch und die Petersilie waschen und fein hacken.
9. Das Fruchtfleisch, die Hirse, die Tomatenstückchen , den Knoblauch, die Zwiebeln und die Kräuter vermischen, salzen und pfeffern und in die Auberginen verteilen.
10. Die Tomaten an der Blüte über Kreuz einschneiden, mit kochendem Wasser übergießen, kurz im Wasser liegen lassen, häuten und grob schneiden.
11. Die Zwiebel schälen und hacken.
12. Das Öl in einem Topf erhitzen, die Zwiebel darin andünsten.
13. Die Tomaten zugeben, kurz mitdünsten, mit Wein ablöschen, würzen.
14. Die Sauce auf den Boden einer großen Auflaufform geben, Auberginen darauflegen.
15. In den auf 200° C vorgeheizten Backofen schieben und zugedeckt ca. 20 Minuten schmoren lassen.
16. Den Deckel entfernen, den Reibkäse über die Auberginen geben und 10 - 15 Minuten überbacken. Kann warm und kalt serviert werden.

Hähnchenschenkel mit Auberginenpüree

Zutaten:
3 Auberginen
Zitronensaft
80 g Butter
1 EL Mehl
3/8 l Milch
3 EL geriebenen Käse
Salz und Pfeffer
1 küchenfertiges Hähnchen
4 Schalotten
5 Strauchtomaten
1 TL getrockneten Thymian
1 TL getrockneter Oregano
Salz und Pfeffer
1 Bund Petersilie

1. Backofen auf 250° C vorheizen.
2. Die Auberginen waschen, trocknen und im Backrohr ca. 20 - 30 Minuten rösten, bis die Haut runzlig wird.
3. Die Auberginen aus dem Ofen nehmen, mit kaltem Wasser abschrecken und vom Stiel aus häuten, halbieren, die Kerne entfernen und sehr fein schneiden.
4. Die Stücke in eine Schüssel geben und reichlich mit Zitronensaft beträufeln, damit die Auberginen nicht braun werden.
5. Mit einem Pürierstab pürieren, beiseite stellen.
6. In einem weiten Topf die Hälfte der Butter schmelzen, das Mehl einrühren und hellbraun anschwitzen.
7. Das Auberginenpüree mit einem Schneebesen kräftig unter die Mehlschwitze rühren.
8. Nach und nach die Milch zugeben und unter ständigem Rühren aufkochen lassen. Temperatur reduzieren und ca. 2 Minuten köcheln lassen bis das Püree dick wird.
9. Die Pfanne von der Herdplatte nehmen 1 EL Butter und den Käse unterrühren, mit Salz abschmecken. Beiseite stellen.
10. Das Hähnchen waschen, trocknen und zerteilen.
11. Die Schalotten schälen und fein hacken.
12. Die Tomaten an der Blüte über Kreuz einschneiden, mit kochendem Wasser übergießen, kurz im Wasser liegen lassen, häuten und klein schneiden.
13. Den Rest der Butter in einer Pfanne schmelzen und die Hähnchenteile zuerst von der Hautseite, dann von der Fleischseite kross anbraten, aus der Pfanne nehmen und beiseite stellen.
14. Die Schalotten in der Pfanne glasig dünsten, dann die Tomatenstückchen zugeben und bei mittlerer Hitze ca. 3 Minuten schmoren.
15. 1/4 l Wasser angießen, aufkochen lassen und mit Thymian, Oregano, Salz und Pfeffer würzen.
16. Die Hähnchenteile in die Sauce legen und zugedeckt, bei schwacher Hitze ca. 30 Minuten garen lassen.
17. Den Koriander waschen, trocknen und die Blätter fein hacken.
18. Das Auberginenpüree erwärmen, auf einer Platte anrichten, die Hähnchenteile darauflegen, die Tomatensauce darübergießen und mit Koriandergrün garnieren.

Servieren Sie außerdem noch Créme fraîche und Reis.

Pastete mit Huhn

Zutaten:
1 küchenfertiges Suppenhuhn
2 l Salzwasser
2 Lorbeerblätter
Wacholderbeeren
Pfefferkörner
2 Schalotten
2 EL Olivenöl
1 Schalotte
1 Knoblauchzehe
175 g Langkornreis
1/2 l Hühnerbrühe
Salz und Pfeffer
50 g Rosinen
50 g Pinienkerne
2 EL Olivenöl
125 g Butter
500 g Yufka
1 TL Zimt

1. Das Suppenhuhn unter fließendem, kalten Wasser waschen und trocknen.
2. Die Zwiebeln schälen und vierteln.
3. Das Huhn mit dem Salzwasser in einen Suppentopf geben, die Lorbeerblätter, Wacholderbeeren, Pfefferkörner und die Zwiebeln zugeben und zum Kochen bringen. Die Temperatur reduzieren und bei schwacher Hitze das Geflügel ca. 60 Minuten garen.
4. Das Huhn aus der Brühe nehmen, erkalten lassen und das Fleisch von den Knochen ablösen.
5. Die Schalotten schälen und fein hacken.
6. Den Knoblauch schälen und zerdrücken.
7. Das Öl in einem Topf erhitzen, die Zwiebel und den Knoblauch darin glasig dünsten, den Reis zugeben und ca. 10 Minuten mitdünsten.
8. Die Hühnerbrühe angießen, mit Salz und Pfeffer würzen und den Reis ca. 25 Minuten fertiggaren.
9. Danach die zerkleinerten Hühnerfleischstücke unter den Reis mischen.
10. Die Pinienkerne grob hacken und mit den Rosinen unter den Reis heben.
11. Eine Auflaufform mit Olivenöl ausstreichen.
12. Mit den Teigplatten die Auflaufform auslegen.
13. Den Reis auf den Teigplatten verteilen.
14. Die Butter in einem Pfännchen schmelzen lassen und die Hälfte der geschmolzenen Butter über den Reis geben.
15. Die Pastete wird nun mit einer Teigplatte abgedeckt und die überstehenden Ränder vorsichtig abgeschnitten. Mit einem scharfen Messer mehrmals in den Teig einschneiden, damit der Dampf entweichen kann.
16. Mit dem Rest der Butter die Teigplatte bestreichen.
17. Den Backofen auf 200° C vorheizen und die Pastete ca. 25 Minuten darin backen.

Yufka sind Teigplatten, Sie erhalten sie in türkischen Fachgeschäften.

Putenrolladen

Zutaten:
4 dünne Putenschnitzel
Salz und Pfeffer
2 EL frisches Basilikum
100 g Mandelplättchen
4 Scheiben jungen Kasar - Käse
Holzspieße
1 Eiweiß
4 EL Sonnenblumenöl
1 TL Mehl
2 Orangen (Saft)
Cayennepfeffer
Zum Garnieren:
Orangenscheiben

Kasar - Käse erhalten Sie in türkischen Fachgeschäften.

1. Die Putenschnitzel waschen, trocknen, salzen und pfeffern.
2. Das Basilikum waschen, trocknen, fein hacken und auf die Putenschnitzel verteilen.
3. Die Hälfte der Mandelplättchen darüberstreuen.
4. Den Käse auf die Schnitzel legen.
5. Die Schnitzel einrollen und die Enden mit den Holzspießen feststecken.
6. Das Eiweiß in einem tiefen Teller verquirlen.
7. Die Mandelplättchen fein hacken und auf einen flachen Teller geben.
8. Die Rolladen zuerst in Eiweiß, dann in den Mandel wälzen, die Mandeln etwas andrücken.
9. Das Öl in einer Pfanne erhitzen und die Rolladen bei mittlerer Hitze rundum ca. 10 - 15 Minuten anbraten. Anschließend herausnehmen und warm stellen.
10. Das Mehl in der Pfanne leicht anschwitzen, mit Orangensaft ablöschen und kurz aufkochen lassen.
11. Mit Salz und Cayennepfeffer abschmecken.
12. Die Sauce separat zu den Rolladen servieren, mit Orangenscheiben garnieren.

Dazu schmeckt Reis.

Dazu schmeckt Fladenbrot, aber auch Kartoffeln oder Reis.

Hähnchenkeulen mit buntem Gemüse

Zutaten:
4 Hähnchenkeulen
4 EL Sesamöl
1 Knoblauchzehe
500 g frischer Spinat
1 gelbe Paprikaschote
1 rote Paprikaschote
5 Strauchtomaten
1 Zwiebel
Salz und Pfeffer
Cayennepfeffer
2 EL Weinessig
Zucker
4 EL Weißwein

1. Die Hähnchenkeulen mit kaltem Wasser waschen und trocknen.
2. Die Knoblauchzehe schälen und zerdrücken.
3. Den Spinat putzen, waschen und in Streifen schneiden.
4. Die Paprikaschoten putzen, waschen, halbieren, entkernen und in Stücke schneiden.
5. Die Tomaten an der Blüte über Kreuz einschneiden, mit kochendem Wasser übergießen, kurz im Wasser liegen lassen, häuten und klein schneiden.
6. Das Öl in einem große Topf erhitzen und die Hähnchenkeulen erst von der Hautseite, dann von der Fleischseite knusprig braten.
7. Die Zwiebeln, den Knoblauch, den Spinat und die Paprikastücke zum Fleisch geben und kurz mitdünsten.
8. Mit Salz, Pfeffer, Cayennepfeffer, Essig und Zucker würzen.
9. Zugedeckt ca. 20 Minuten schmoren lassen.
10. Zum Schluss die Tomaten zugeben, heiß werden lassen und mit dem Wein den Eintopf verfeinern.

Hähncheneintopf

Zutaten:
1 küchenfertiges Hähnchen
1 Gemüsezwiebel
250 ml Olivenöl
1/2 TL Ingwerpulver
1/2 TL Kurkuma
1/2 TL gemahlener Koriander
1/2 TL gemahlener Kreuzkümmel
3 EL frisches Koriandergrün
Salz und Pfeffer
350 g Kartoffeln
4 Strauchtomaten

1. Das Hähnchen in 4 Portionen zerlegen. Die Teile in eine flache Schüssel legen.
2. Die Zwiebel schälen in Ringe schneiden und die Hähnchenteile damit bedecken.
3. Das Koriandergrün waschen, trocknen und fein hacken.
4. Das Öl mit den Gewürzen, dem Koriandergrün, dem Salz und dem Pfeffer vermischen.
5. Die Marinade über die Geflügelteile geben und zugedeckt im Kühlschrank ca. 24 Stunden marinieren lassen.
6. 4 EL Marinade in einem Topf erhitzen, die Geflügelteile darin anbräunen, die Zwiebeln zugeben und mitdünsten lassen.
7. Die restliche Marinade und 300 ml Wasser zugeben und zugedeckt ca. 40 Minuten schmoren lassen.
8. Die Kartoffeln schälen, in ca. 5mm dicke Scheiben schneiden.
9. Die Tomaten an der Blüte über Kreuz einschneiden, mit kochendem Wasser übergießen, kurz im Wasser liegen lassen, häuten und klein schneiden.
10. Zusammen mit den Kartoffeln nach 40 Minuten zu den Hähnchenteilen geben und nochmals 20 Minuten zugedeckt schmoren lassen.

Lammkeule mit Minzsauce

***Zutaten:** für 6 - 8 Personen*
1 Lammkeule, etwa 2 kg, mit Knochen
3 Knoblauchzehen
2 Limetten (Saft)
1 Bund Minze
1 Lorbeerblatt
2 Peperoni
Salz und Pfeffer
1 TL Oregano
1 TL Majoran
2 EL Butter
Tasse heißes Wasser
1 kg Kartoffeln

1. Die Lammkeule waschen, trocknen und zum Füllen mit Knoblauchzehen schmale Schlitze in das Fleisch schneiden.
2. Den Knoblauch schälen und klein Stücke schneiden und in die Schlitze im Fleisch stecken.
3. Die Peperoni entkernen und klein schneiden.
4. Die Limetten auspressen und mit dem Saft die Lammkeule gut einreiben.
5. Das Backrohr auf 180° C vorheizen.
6. Die Keule in einen Bräter legen, den Bund Minze, die Peperoni und das Lorbeerblatt zugeben.
7. Im Backrohr ca. 60 Minuten schmoren lassen, dabei ab und zu wenden.
8. Die Kartoffeln schälen, vierteln und in kaltes Wasser legen, beiseite stellen.
9. Nach ca. 60 Minuten das Fett abschöpfen, das heiße Wasser in den Bräter geben. Das Fleisch mit Butter bestreichen und nochmals ca. 90 Minuten schmoren lassen. Nach ca. 30 Minuten die Kartoffeln in den Bräter geben, mit Salz, Pfeffer, etwas Oregano und Majoran bestreuen und fertiggaren.

Lammspieß mit Trockenobst

Zutaten:
- *500 g mageres Lammfleisch*
- *300 ml Jogurt*
- *1 EL frische Minze*
- *3 EL Zitronensaft*
- *Salz und Pfeffer*
- *16 getrocknete Aprikosen*
- *4 kleine Schalotten*
- *1 Zucchini*
- *Olivenöl*

1. Die Aprikosen über Nacht in Wasser einweichen.
2. Das Lammfleisch in Würfel schneiden. (Wird über Nacht mariniert)!
3. Die Minze waschen, trocknen und klein schneiden.
4. Den Jogurt in eine Schüssel geben, die Minze, den Zitronensaft einrühren und mit Salz und Pfeffer abschmecken.
5. Das Fleisch in den Jogurt geben, gut vermischen, mit Folie abdecken und über Nacht marinieren.
6. Die Schalotten schälen und vierteln.
7. Die Aprikosen durch ein Sieb abschütten, trocknen und halbieren.
8. Die Spieße abwechseln mit Fleisch (aus der Jogurtmischung nehmen, jedoch nicht abwischen), Aprikosen und Zwiebeln bestücken.
9. Auf einen Grill legen oder in eine Pfanne und ca. 25 - 30 Minuten garen.
10. In der Zwischenzeit die Zucchini waschen, in ca. 2 cm große Scheiben schneiden, in kochendem Salzwasser ca. 1 Minuten blanchieren, abschütten, auf Spieße stecken, mit Öl bestreichen und in einer Pfanne ca. 5 - 10 Minuten von allen Seiten leicht bräunen.

Dazu passen Reis und Trockenobst - Salat, oder Folienkartoffeln.

Cacik Jogurt - Kaltschale

Zutaten:
- *1 Salatgurke*
- *250 g Sahnejoghurt*
- *4 Knoblauchzehen*
- *3 EL frische Minze*
- *Salz und Pfeffer*

1. Die Gurke schälen, raspeln, etwas salzen, und im Kühlschrank ca. 15 Minuten ziehen lassen.
2. Den Knoblauch schälen und zerdrücken.
3. Die Minzer waschen, abzupfen und klein schneiden.
4. Den Jogurt in eine Schüssel füllen, mit dem Schneebesen aufschlagen, die Gewürze zugeben, alles gut verrühren.
5. Die Gurkenraspel entwässern und mit der Jogurtsauce vermischen.

Hammelfleisch mit grünen Bohnen

Zutaten:
500 g grüne Bohnen
2 l Wasser
750 g Hammelfleisch
4 EL Olivenöl
2 Zwiebeln
2 Kartoffeln
2 Karotten
2 Stangen Lauch
4 EL Butter
1 l Fleischbrühe
etwas Majoran
1/2 EL Essig
Salz und Pfeffer

1. Die Bohnen waschen, putzen und in kochendem Salzwasser ca. 3 Minuten blanchieren, durch ein Sieb abschütten und mit kaltem Wasser abschrecken, beiseite stellen.
2. Das Fleisch waschen, trocknen und in Würfel schneiden.
3. Die Zwiebeln schälen und klein hacken.
4. Die Kartoffeln und die Karotten schälen und würfeln.
5. Den Lauch putzen, waschen und in Ringe schneiden.
6. Das ÖL in einer Pfanne erhitzen und die Fleischwürfel darin kross anbraten.
7. Die Butter in einem weiten Topf schmelzen und nach und nach die Zwiebeln, den Lauch, die Karotten und die Kartoffeln, hineingeben und andünsten, mit Majoran würzen.
8. Das Fleisch zu den Gemüsen in den Topf geben und gut unterrühren.
9. Zum Schluss die Bohnen in den Eintopf geben und nochmals umrühren.
10. Mit der Fleischbrühe angießen und zugedeckt ca. 30 - 40 Minuten köcheln lassen, bis das Fleisch weich ist.
11. Mit Essig, Salz und Pfeffer abschmecken.

Melissen-Lamm mit Erbsen

Zutaten:
1 kg Lamm-Schulter
4 EL Olivenöl
Salz und Pfeffer
1 EL Mehl
2 Karotten
2 Schalotten
300 g Erbsen tiefgekühlt
200 g Crème fraîche
1 Bund Zitronenmelisse
2 TL abgeriebene Zitronenschale

1. Das Fleisch waschen und in Würfel schneiden.
2. Die Karotten schälen und raspeln.
3. Die Schalotten schälen und fein hacken.
4. In einem Bräter das Öl erhitzen und das Fleisch darin kross anbraten, mit Salz und Pfeffer würzen.
5. Die Zwiebeln und die Karotten zugeben und mit anschmoren.
6. Mit dem Mehl bestäuben und gut durchrühren.
7. Nach und nach 1/4 l heißes Wasser angießen.
8. Zugedeckt ca. 45 Minuten schmoren lassen.
9. Die Erbsen und die Crème fraîche zugeben und ca. 5 - 10 Minuten im offenen Topf garen.
10. Die Melissenblätter waschen, trocknen, grob hacken und zusammen mit der Zitronenschale unterziehen. Mit Reis servieren.

Lammrollbraten in Knoblauchsauce

Zutaten:
2 kg Lammkeule entbeint und aufgeschnitten zum Rollen
Salz und Pfeffer
3 EL Crème fraîche
3 Knoblauchzehen
2 EL Minze
1 Zwiebel
1 große Karotte
1 Peperoni
50 ml Olivenöl
Für die Sauce:
1 Knoblauchknolle
300 ml Hühnerbrühe
1 Peperoni
1 Lorbeerblatt
1 EL Tomatenpüree
1 Becher Crème fraîche

1. Das Fleisch waschen, von beiden Seiten salzen und pfeffern, auf der Innenseite mit Crème fraîche bestreichen.
2. Die Minze waschen, trocknen und die Blätter grob hacken.
3. Den Knoblauch schälen und fein hacken.
4. Zwiebeln schälen und klein schneiden.
5. Die Karotte schälen und raspeln.
6. Die Peperoni waschen, entkernen und klein hacken.
7. Die vorbereiteten Gemüse auf dem Fleisch verteilen, die Rollade gut zusammenrollen und zusammenbinden.
8. Den Backofen auf 200° C vorheizen.
9. Das Olivenöl in einem kleinen Pfännchen erhitzen.
10. Den Lammrollbraten in einen Bräter legen und mit dem heißen Öl bestreichen.
11. Im vorgeheizten Ofen auf der mittleren Schiene ca. 20 Minuten anbraten.
12. Dann die Temperatur des Backrohres auf 75° C reduzieren und den Rollbraten je nach Größe 2 - 4 Stunden garziehen lassen.
13. In der Zwischenzeit die Knoblauchsauce zubereiten.
14. Die Knoblauchknolle schälen und die Zehen ganz lassen.
15. Die Peperoni der Länge nach halbieren, die Kerne entfernen und klein hacken.
16. Die Brühe in einem Topf erwärmen und den Knoblauch, das Lorbeerblatt und die Peperoni darin bei geringer Hitze zugedeckt weichgaren.
17. Dann die Knoblauchzehen mit einem Schaumlöffel aus der Brühe nehmen und mit einer Gabel grob zerdrücken, zurück in die Brühe geben.
18. Das Tomatenmark einrühren und alles aufkochen lassen.
19. Die Crème fraîche in die Sauce geben, mit Salz und Pfeffer nachwürzen.

Lammfleisch mit Gemüse

Zutaten:
500 g Lammfleisch
600 g Kartoffeln
Salz
2 Karotten
1 Zwiebel
200 g Weißkohl
2 Lorbeerblätter
Pfeffer
2 Nelken
1 TL Kreuzkümmel
1 Bund Dill

1. Das Fleisch waschen, in einen Topf legen und mit einem 3/4 l kaltem Wasser angießen. Zugedeckt zum Kochen bringen.
2. In der Zwischenzeit die Kartoffeln schälen, 3 Kartoffeln ganz lassen, den Rest in Scheiben schneiden.
3. Kocht das Wasser mit dem Fleisch, die 3 ganzen Kartoffeln in die Brühe geben und die Brühe mit Salz würzen, 1 Stunde weiter kochen lassen.
4. Die Karotten und die Zwiebel schälen, die Karotten in kleine Würfel, die Zwiebel in dünnere Scheiben schneiden.
5. Den Weißkohl waschen, vierteln und hobeln.
6. Ist das Fleisch weich, aus der Suppe nehmen, etwas abkühlen lassen, in 2 cm große Stücke schneiden und warm stellen.
7. Die Karotten, die Zwiebel, den Weißkohl, die in Scheiben geschnittenen Kartoffeln, die Lorbeerblätter, den Kreuzkümmel und die Nelken in die Brühe geben, mit etwas Pfeffer würzen.
8. Die ganzen Kartoffeln aus dem Topf nehmen mit einer Gabel zerkleinern und wieder in den Topf zurückgeben.
9. Zugedeckt 30 - 40 Minuten köcheln lassen.
Den Dill separat zu dem Eintopf servieren.

Rinderschmortopf

Zutaten:

700 g mageres Rindfleisch
Sonnenblumenöl
600 g Schalotten
2 Knoblauchknollen
5 Strauchtomaten
2 EL Weinessig
1 Glas trockenen Rotwein
Salz und Pfeffer
1 Prise Cayennepfeffer
Zimtpulver nach Geschmack

1. Das Fleisch waschen, trocknen und in 3 cm große Stücke schneiden.
2. Die Tomaten an der Blüte über Kreuz einschneiden, mit kochendem Wasser übergießen, kurz im Wasser liegen lassen, häuten und klein schneiden.
3. Das Öl in einem Schmortopf erhitzen und die Fleischwürfel darin kross anbraten.
4. Die ungeschälten Schalotten und die ganzen, ungeschälten Knoblauchknollen waschen, und zum Fleisch geben.
5. Die Tomatenwürfel zugeben und alles ca. 15 Minuten gut anschmoren.
6. Den Essig, den Wein und die Gewürze zugeben und zugedeckt, bei reduzierter Hitze ca. 90 Minuten leicht schmoren lassen, gelegentlich umrühren, evtl. noch Wein zugeben.

Dieser Schmortopf wird mit Fladenbrot serviert.

Rindfleisch nach Hirtenart

Zutaten:
600 g Kalbfleisch
2 Zwiebeln
3 Tomaten
3 Peperoni
150 g Pfifferlinge
4 EL Olivenöl
1 TL Thymian
1 Zweiglein Rosmarin
Salz und Pfeffer
1 Bund Petersilie
1Bund Frühlingszwiebeln

1. Das Fleisch waschen, trocknen und in kleine Würfel schneiden.
2. Die Zwiebeln schälen und klein hacken.
3. Die Tomaten waschen und klein schneiden.
4. Die Peperoni waschen, trocknen, die Kerne entfernen und in kleine Ringe schneiden.
5. Die Pilze putzen und in Scheiben schneiden.
6. Die Petersilie waschen, trocknen und klein hacken.
7. In einer Pfanne das Öl erhitzen und das Fleisch darin von allen Seiten anbraten.
8. Nach und nach die Zwiebeln, die Peperoni, die Pilze und die Tomatenstücke zugeben und mit dem Thymian, dem Rosmarin, Salz und Pfeffer würzen.
9. Ca. 15 - 20 Minuten schmoren lassen.

Mit Brot oder Reis servieren.

Zucchinicreme

Zutaten:
20 g Butter
20 g Mehl
1/4l Milch
2 Zucchini
1 Zitrone (Saft)
2 EL Olivenöl
1 Knoblauchzehe
5 EL Wasser
4 EL Schafskäse
Salz, Pfeffer, Paprika und Zucker
3 EL gehackte Petersilie

1. Die Zucchini waschen, trocknen, klein schneiden und mit Zitronensaft beträufeln, beiseite stellen.
2. Den Knoblauch schälen und kein schneiden.
3. Die Butter in einem Topf schmelzen und das Mehl unter Rühren hellgelb werden lassen.
4. Die Milch angießen und mit dem Schneebesen fest verrühren, damit keine Klümpchen entstehen.
5. Das Öl in einem Topf erhitzen und den Knoblauch darin andünsten.
6. Die Zucchiniwürfel zugeben und mitdünsten, mit dem Wasser ablöschen, die Hitze reduzieren und bei geschlossenem Deckel das Gemüse weichdünsten.
7. Mit einem Pürierstab die Zucchini pürieren.
8. Den Käse in der warmen Milchsauce schmelzen lassen und in das Zucchinipüree einrühren.
9. Mit Salz, Pfeffer, Paprikapulver, Zucker und Zitronensaft würzen.
10. Das Püree erkalten lassen.
11. Inzwischen die Petersilie waschen, trocknen einige schöne Blätter zum Garnieren zurücklegen und die restlichen fein hacken.
12. Ist die Creme kalt, die Petersilie unterheben und mit Fladenbrot servieren.

Rindfleisch vom Grill

Zutaten:
4 dünne Scheiben Rindfleisch
Für die Marinade:
1/8 l Olivenöl
2 Peperoni
2 Knoblauchzehen
2 EL Paprikablättchen
etwas Worchestersauce

1. Die Peperoni waschen, die Kerne entfernen und klein schneiden.
2. Den Knoblauch schälen und zerdrücken.
3. Das Öl in eine Schüssel geben, die Peperoni und den Knoblauch zugeben und verrühren.
4. Mit den Paprikablättchen und der Worchestersauce würzen.
5. Das Fleisch waschen, trocknen, salzen und pfeffern und in die Sauce für ca. 2 - 3 Stunden einlegen.

Dazu ißt man Brot, kleingeschnittenes, frisches Gemüse mit Jogurt und Zucchinicreme.

Leberspieße

Zutaten:
500 g Rinderleber
2 Äpfel
etwas Zitronensaft
etwas Olivenöl
Für den Salat:
5 - 6 rote Zwiebeln
Salz
1 Bund Petersilie
1/2 TL Sumak
Zum Garnieren
Tomaten

Sumak ist ein säuerlich schmeckendes Gewürz, das zum Würzen für Salate verwendet wird und es ist in türkischen Fachgeschäften erhältlich!

1. Die Leber waschen, trocknen und in ca. 3cm große Stücke schneiden.
2. Den Äpfel schälen, vierteln, entkernen und in so große Stücke schneiden, dass sie zu den Leberstücken passen.
Mit Zitronensaft beträufeln.
3. Die Leber im Wechsel mit den Apfelscheiben auf Spieße stecken, mit etwas Olivenöl bepinseln und in den Kühlschrank stellen.

Für den Salat:
4. Die Zwiebeln schälen und in dünne Ringe schneiden.
5. In eine Schüssel geben und mit Salz bestreuen. Mit den Händen die Zwiebeln mit dem Salz kneten, 10 - 15 Minuten marinieren lassen. Nach dem marinieren die Zwiebelringe unter fließendem, kalten Wasser gut abspülen und etwas ausdrücken.
6. Inzwischen die Petersilie waschen, trocknen, einige Blätter für die Garnierung zurückbehalten, die anderen Blätter fein hacken.
7. Die Petersilie mit etwas Salz und dem Sumakgewürz unter die Zwiebelringe mischen und den Salat beiseite stellen.
8. Die Spieße auf den Grill legen und von allen Seiten die Leber garen.
9. Die Tomaten waschen und achteln, mit dem Zwiebelsalat und der Petersilie anrichten.
10. Ist die Leber gar, mit Salz und Pfeffer würzen und mit dem Salat servieren.

Rind mit Bohnen und Sauerkraut

Zutaten:
1 große Dose Kidneybohnen
600 g Rindfleisch
4 EL Olivenöl
1 Zwiebel
2 Knoblauchzehen
2 Karotten
2 große Kartoffeln
1 Apfel
750 g Sauerkraut
1 Lorbeerblatt
Pfefferkörner
1/2 TL Senfkörner
500 ml Brühe
etwas Zucker
Salz und Pfeffer

1. Das Fleisch in ca. 2 cm große Würfel schneiden.
2. Die Zwiebel schälen und in Ringe schneiden.
3. Den Knoblauch schälen und zerdrücken.
4. Die Karotten, die Kartoffeln und den Apfel schälen und in kleine Würfel schneiden.
5. Das Öl in einem weiten Topf erhitzen, das Fleisch darin kross anbraten. Die Zwiebel, den Knoblauch und die Karotten zugeben und glasig dünsten.
6. Das Sauerkraut gut unter das Fleisch rühren und etwas mitschmoren lassen.
7. Den Apfel, das Lorbeerblatt, die Senfkörner und die Pfefferkörner zugeben und mit Zucker, Salz und Pfeffer abschmecken.
8. Anschließend mit der Brühe angießen, aufkochen lassen, die Hitze reduzieren und bei geschlossenem Topf ca. 25 Minuten garen.
9. Die abgegossenen Bohnen zu dem Fleisch geben, durchrühren und ca. 5 - 10 Minuten mitköcheln lassen. Mit Kartoffeln und Crème fraîche servieren.

Frikadellen türkischer Art

Zutaten:
- *600 g Hackfleich vom Lamm oder Rind*
- *100 g gekochter Reis*
- *2 Zwiebel*
- *1 Knoblauchzehe*
- *2 EL gehackter Koriander*
- *1 EL Butter*
- *4 Eier*
- *Salz und Pfeffer*
- *Mehl*
- *Pflanzenfett zum Ausbacken*

1. Den Reis in Salzwasser garen, abspülen, anschließend gut abtropfen lassen.
2. Die Zwiebeln schälen und klein hacken.
3. Den Knoblauch schälen und zerdrücken.
4. Den Koriander waschen, trocknen und die Blätter fein hacken.
5. In einer Pfanne die Butter schmelzen und die Hälfte des Fleisches, die Zwiebel und den Knoblauch solange rösten, bis der Fleischsaft verdampft ist.
6. In einer Schüssel das gebratene und das ungebratene Fleisch, den Reis, 2 Eier, den Koriander, Salz und Pfeffer gut durchkneten.
7. Die restlichen Eier verquirlen und das Mehl auf einen Teller geben.
8. Aus der Fleischmischung ovale Kugeln mit einem Durchmesser von ca. 3 cm formen, anschließend plattdrücken.
9. Die so geformten Stücke zuerst in Mehl, dann in Ei wenden.
10. In einer Pfanne das Öl erhitzen und die panierten Frikadellen goldgelb braten.
Mit frischem Salat servieren.

Reis mit Erbsen und Käse

Zutaten:
- *2 EL Butter*
- *6 Kardamonkapseln*
- *6 Nelken*
- *350 g Langkornreis*
- *Salz und Pfeffer*
- *100 g frische Erbsen*
- *500 ml Gemüsebrühe*
- *1 EL Butter*
- *3 EL Sonnenblumenöl*
- *200 g Feta*

1. Die Butter in einem weiten Topf schmelzen lassen, die zerdrückten Kardamonkapseln und die Nelken ca. 1 Minute darin anrösten.
2. Den Reis zugeben und mit anrösten bis er glasig ist, mit Salz und Pfeffer würzen.
3. Die Erbsen zugeben, mit andünsten, gut durchrühren und mit der Gemüsebrühe angießen.
4. Den Reis zum Kochen bringen, die Hitze reduzieren und zugedeckt ca. 20 Minuten leicht köcheln lassen.
5. Den Käse in ca. 1 cm große Würfel schneiden.
6. Das Öl in eine große Pfanne geben, die Käsewürfel darin hellbraun anbraten und zu dem Reis geben.
7. Ein paar Butterflöckchen darüber verteilen und servieren.

Rindfleisch mit Weißkohl

Zutaten:
500 g Rindfleisch
Salz und Pfeffer
4 EL Sesamöl
4 Zwiebeln
1 Knoblauchzehe
1 EL getrockneter Oregano
1 EL getrockneter Majoran
1 TL Kreuzkümmel
1/2 TL Paprika edelsüß
750 g Weißkohl
4 Karotten
500 ml Weißwein
500 ml Gemüsebrühe
250 g Kartoffeln
250 Äpfel
1 große Dose Tomaten

1. Das Fleisch waschen, trocknen, in Würfel schneiden, salzen und pfeffern.
2. Die Zwiebeln und die Karotten schälen und würfeln.
3. Den Knoblauch schälen und zerdrücken.
4. Den Weißkohl putzen, halbieren, in Streifen schneiden oder hobeln.
5. Das Öl in einem weiten Topf erhitzen, das Fleisch darin kross anbraten, dann die Zwiebeln und den Knoblauch glasig dünsten, mit dem Kreuzkümmel, dem Majoran, dem Oregano und dem Paprika würzen, alles gut durchrühren.
6. Das Gemüse zum Fleisch geben, und mitdünsten den Wein angießen und alles ca. 15 Minuten schmoren, dabei das Gemüse immer wieder durchrühren.
7. Mit der Brühe angießen und im geschlossenen Topf ca. 60 Minuten dünsten lassen.
8. In der Zwischenzeit die Kartoffeln schälen, würfeln und zum Fleisch geben.
9. Die Äpfel schälen, vierteln, das Kerngehäuse entfernen, in Stücke schneiden und noch ca. 10 Minuten mitgaren.
10. Die Tomaten mit der Flüssigkeit zugeben und ca. 10 Minuten heiß werden lassen.
Nochmals abschmecken.

Rinderpfanne mit Tomaten

Zutaten:
600 g Rinderlende
Für die Marinade:
2 Knoblauchzehen
4 EL Worchestersauce
2 EL Raki
1 EL Honig
1 EL Sasampaste
Außerdem:
3 EL Olivenöl
500 g Strauchtomaten
Salz und Pfeffer
Zum Garnieren:
1 EL Petersilie

1. Das Fleisch unter fließendem, kalten Wasser waschen und trocknen.
2. Mit einem scharfen Messer häuten, gegen die Faserrichtung in ca. 1 cm dicke Scheiben, dann in Streifen schneiden.
Für die Marinade:
3. Den Knoblauch schälen, zerdrücken, mit der Worchestersauce, dem Raki, dem Honig und der Sasmpaste, in eine Schüssel geben und zu einer Marinade verrühren.
4. Die Fleischstreifen in die Marinade legen und zugedeckt 1 Stunde kaltstellen, ab und zu wenden.
5. In der Zwischenzeit die Tomaten an der Blüte über Kreuz einschneiden, mit kochendem Wasser übergießen, kurz im Wasser liegen lassen, häuten und klein schneiden.
6. Das Öl in einer Pfanne erhitzen.
7. Das Fleisch aus der Marinade nehmen und unter Rühren ca. 2 Minuten scharf anbraten.
8. Die Tomatenstücke mit der Marinade zum Fleisch geben und alles ca. 20 Minuten dünsten.
9. Mit Salz und Pfeffer würzen.
10. Zum Schluss die Petersilie waschen und die Blätter abzupfen.
11. Das Gericht auf einer Platte anrichten, mit der Petersilie bestreuen und mit Wildreis servieren.

Herzhaftes Rindfleisch

Zutaten:
1 kg Rindfleisch
1/8 l Olivenöl
1/2 TL Basilikum
1/2 TL Thymian
1 Msp. Zimt
Salz und Pfeffer
3 Zwiebeln
1 Zucchini
3 Knoblauchzehen
300 g Jogurt
2 EL Olivenöl
1 EL Zitronensaft
2 Peperoni
schwarze Oliven
2 EL gehackter Koriander

1. Das Fleisch unter fließendem, kalten Wasser waschen, trocknen und in feine Streifen schneiden.
In eine Schüssel geben.
2. Das Öl mit dem Basilikum, dem Thymian, dem Zimt, Salz und Pfeffer verrühren, über das Fleisch geben und gut verrühren.
Mindestens 3 Stunden marinieren.
3. Die Zwiebeln schälen, halbieren und in dünne Scheiben schneiden.
4. Den Knoblauch schälen und zerdrücken.
5. Die Peperonis waschen, entkernen und in kleine Ringe schneiden.
6. Die Zucchini waschen und in kleine Würfel schneiden.
7. Das Öl in einer Pfanne erhitzen, das Fleisch kross von allen Seiten anbraten. Die Zwiebelringe zugeben und mitbraten. Mit Salz, Pfeffer und den Peperonischoten würzen, gut umrühren.
Zugedeckt ca. 30 Minuten schmoren lassen. Wenn nötig etwas Flüssigkeit zugeben.
8. Das Koriandergrün waschen, trocknen und die Blätter fein hacken.
9. Die Zucchiniwürfel und die Oliven zugeben und ca. 10 Minuten mitschmoren lassen.
10. Kurz vor dem Servieren, den Jogurt, den Zitronensaft und das Olivenöl verrühren und mit dem Koriandergrün in den Schmortopf geben, die Hitze reduzieren und 3 Minuten mitköcheln lassen.

Fisch, mit Bergkäse überbacken

Zutaten:
- *600 g gekochte Kartoffeln*
- *150 g geriebener Bergkäse*
- *2 Eier*
- *100 g Crème fraîche*
- *2-3 EL Wasser*
- *500 g Spinat frisch oder tiefgefroren*
- *600 g Kabeljaufilet*
- *30 g Butter*
- *Salz und Pfeffer*
- *Zitronensaft*
- *2 EL gehackte Minze*

1. Die gekochten Kartoffel schälen, in Scheiben schneiden.
2. Den frischen Spinat verlesen, waschen und ca. 3 Minuten blanchieren.
3. Das Fischfilet waschen, salzen, pfeffern und mit Zitronensaft beträufeln.
4. Die Minze waschen, trocknen und die Blätter klein hacken.
5. In einer Schüssel den Käse, die Eier, die Crème fraîche, die Minze und das Wasser zu einer Käsecreme verrühren.
6. Eine Auflaufform ausfetten und die Kartoffelscheiben einschichten.
7. Die Hälfte der Käsecreme auf den Kartoffeln verteilen, darauf den Spinat schichten.
8. Salzen, pfeffern und die geschmolzene Butter darübergießen.
8. Das Fischfilet auf den Spinat legen und mit der restlichen Käsecreme abdecken.
9. Das Backrohr auf 220° C aufheizen und den Auflauf ca. 20 - 30 Minuten backen.

Kabeljau in Weinteig mit Okraschoten

Zutaten:
600 g Kabeljaufilets ca. 2cm dicke Scheiben
2 Zitronen (Saft)
1 Prise Paprikapulver
300 g Frischkäse
1/8 l Milch
2 TL Curry
Pfeffer
1/2 TL Zucker
200 g Maismehl
1/4 l Weißwein
2 EL Sonnenblumenöl
2 Eier
300 g Fett zum Ausbacken
Für das Gemüse:
1 Dose Orkaschoten
2 EL Olivenöl
1 Zwiebel
1 Knoblauchzehe
1 Spritzer Worchestersauce
Salz und Pfeffer
etwas Zucker
1 Bund Dill

1. Die Fischfilets waschen, trocknen und in ca. 2 cm große Stücke schneiden.
2. Die Zitronen auspressen, den Zitronensaft mit dem Paprikapulver verrühren, die Fischstücke in der Zitronenmarinade einlegen und ca. 2 Stunden im Kühlschrank marinieren lassen.
3. Den Frischkäse, den Wein, die Milch, den Curry, den Pfeffer, den Zucker gut verrühren, das Mehl, das Öl und die Eier zugeben und alles mit dem Handrührgerät zu einem glatten Teig verarbeiten.
4. Die Okraschoten durch ein Sieb abschütten.
5. Die Zwiebel schälen und in kleine Würfel schneiden.
6. Den Knoblauch schälen und zerdrücken.
7. Den Dill waschen und klein schneiden.
8. Das Öl in einem Topf erhitzen, die Zwiebel und den Knoblauch darin andünsten, die gut abgetropften Okraschoten zugeben, mit Salz, Pfeffer und Worchestersauce würzen, mit Zucker abschmecken. Zugedeckt leicht köcheln lassen.
9. In einem Topf oder einer Friteuse das Fett erhitzen.
10. Den Fisch aus der Marinade nehmen, den Saft ausdrücken und die einzelnen Fischstücke durch den Teig ziehen und in dem Fett nacheinander goldgelb backen.
11. Den Dill unter die Okraschoten rühren.

Gegrillte Forellen

Zutaten:
4 küchenfertige Forellen
1 Limette (Saft)
3 Schalotten
2 Bund Petersilie
Salz und Pfeffer
Olivenöl zum Einpinseln
400 g Feldsalat
2 rote Zwiebeln
4 EL Essig
4 EL Öl
40 g feingehackte Walnußkerne
Salz und Pfeffer
2 EL Jogurt
etwas Zucker
1 Zitrone

1. Die Forellen innen und außen unter fließendem, kalten Wasser gut abspülen, trocknen, mit Limettensaft innen und außen beträufeln und mit Salz und Pfeffer würzen.
2. Die Schalotten schälen und in feine Ringe schneiden.
3. Die Petersilie waschen, trocknen und die Blätter fein hacken.
4. Die Schalotten und die Petersilie in eine Schüssel geben, salzen und pfeffern und die Zutaten mit den Händen gut durchmischen.
5. Die Forellen mit dieser Mischung füllen und ca. 30 Minuten im Kühlschrank ziehen lassen.
6. Den Grill vorbereiten.
7. In der Zwischenzeit den Feldsalat waschen, trocknen, verlesen und in eine Schüssel geben.
8. Die roten Zwiebeln schälen, eine Zwiebel vierteln, die andere Zwiebel in feine Würfel schneiden, beiseite stellen.
9. Die Zitrone waschen und vierteln.
10. Die Fische auf den Grillrost legen und von jeder Seite ca. 8 Minuten grillen.

In dieser Zeit die Marinade für den Feldsalat herstellen:
11. Essig und Öl in eine Schüssel geben, mit Salz, Pfeffer und Zucker würzen und den Jogurt gut mit einem Schneebesen unterrühren. Über den vorbereiteten Salat geben, die Walnußkerne unterheben.
12. Die Forellen auf den Tellern anrichten, mit den Zitronenviertel, den Ziebelvierteln und den Salat garniern.

Dazu schmecken Salzkartoffeln oder Fladenbrot.

Sardinenpfanne mit Kartoffeln

Zutaten:

- *500 g Sardinen oder grüne Heringe*
- *1 Zitrone*
- *400 g Kartoffeln*
- *4 EL Olivenöl*
- *1 Bund Petersilie*
- *1 Schalotten*
- *Salz und Pfeffer*
- *3 Strauchtomaten*
- *2 EL Tomatenmark*
- *1/8 l Brühe*
- *etwas gemahlener Kreuzkümmel*
- *etwas Paprikapulver*
- *etwas Oregano*

1. Die Fische ausnehmen, Schwanz, Rückgrat und Kopf entfernen, innen und außen gut abspülen.

2. Auf ein Küchenkrepp legen, trocknen, mit Zitronensaft beträufeln und innen und aussen mit Salz und Pfeffer bestreuen.

3. Die Petersilie waschen, trocknen, die Blätter fein hacken.

4. Die Schalotten schälen und fein hacken.

5. Die Tomaten an der Blüte über Kreuz einschneiden, mit kochendem Wasser übergießen, kurz im Wasser liegen lassen, häuten und klein schneiden.

6. Die Kartoffeln schälen und in dünne Scheiben schneiden.

7. Eine Auflaufform mit Deckel mit etwas Öl ausstreichen und den Boden mit den Kartoffeln belegen. Die Petersilie, die Schalotten und die Tomatenwürfel darauf verteilen und mit Salz und Pfeffer würzen.

8. DieFische darauf schichten.

9. In der Brühe das restlichen Öl, das Tomatenmark, die Petersilie, das Paprikapulver, den Kreuzkümmel und den Oregano mit einem Pürierstab verrühren und über den Auflauf gießen.

10. Den Deckel schließen und den Auflauf im Backrohr bei 175° C ca. 10 Minuten schmoren lassen. Die Hitze auf 100° C reduzieren und alles nochmals 15 - 20 Minuten garen lassen.

Mit Fladenbrot servieren.

Kaviarpaste

Zutaten:
4 Scheiben Toastbrot
3 EL lauwarme Milch
1 Knoblauchzehe
75 g Lachsrogen, gesalzen
1 Prise Zucker
3 EL Zitronensaft
3 EL Olivenöl
125 g Sahnejogurt

1. Das Toastbrot entrinden und in der Milch einweichen.
2. Den Knoblauch schälen und zerdrücken.
3. Zum späteren Garnieren einige schöne Lachsrogen zur Seite stellen.
4. Das Toastbrot, den Knoblauch und den Kaviar mit dem Zucker und dem Zitronensaft mit einem Pürierstab zu einer Paste verarbeiten.
5. Das Olivenöl tröpfchenweise einarbeiten, die Paste soll wie eine Mayonnaise werden.
6. Den Jogurt unter die Paste mischen, auf Salatblättern anrichten und mit den zurückbehaltenen Fischeiern garnieren.
7. Mit türkischem Fladenbrot oder mit Weißbrot servieren.

Tip: Dieses Rezept läßt sich auch sehr gut mit Forellenrogen herstellen. Dieser wird immer populärer und ist dem Lachsrogen geschmacklich gleichwertig.
Es sollten zum Kaviar essen nur geschmacksneutrale Löffel aus Perlmutt, Horn, Schildpatt oder Holz benutzt werden.

Türkischer Fischtopf

Zutaten:
600g Rotbarschfilet
1/2 l Gemüsebrühe
6 Kartoffeln
1 Knoblauchzehe
1 Knolle Sellerie
2 Stangen Lauch
4 Karotten
2 Zwiebeln
1 kleine Peperoni
2 Petersilienwurzeln
2 EL Butter
2 Zitronen (Saft)
1/8 l Weißwein
1 Becher Jogurt
2 Eigelbe
Salz und Pfeffer
Muskat nach Geschmack
1/2 Bund Dill

1. Die Kartoffeln, die Karotten, die Petersilienwurzel und den Sellerie schälen, in kleine Würfel schneiden und die Kartoffeln in kaltes Wasser legen.
2. Den Lauch und die Peperoni waschen, den Lauch in Ringe schneiden, die Kerne bei der Peperonie entfernen und ebenfalls in Ringe schneiden.
3. Die Zwiebel und den Knoblauch schälen, die Zwiebel klein hacken, den Knoblauch zerdrücken.
4. Den Fisch waschen, trocknen, in dünne Scheiben schneiden, zu Röllchen formen, in eine Schüssel legen und mit Zitronensaft beträufeln. In den Kühlschrank stellen.
5. Die Butter in einen Topf schmelzen lassen und nach und nach die Zwiebeln, und die anderen Gemüse darin 15 Minuten dünsten.
6. Die Brühe angießen und 10 - 15 Minuten garen lassen, bis das Gemüse weich ist, mit Salz, Pfeffer und Muskat würzen.
7. Die Eigelbe mit dem Jogurt verquirlen und unter Rühren in die Suppe geben, den Wein zugießen, nicht mehr kochen lassen.
8. Inzwischen den Dill waschen, trocknen und klein schneiden.
9. Den Fisch in den Topf zu dem Gemüse legen und 5 Minuten ziehen lassen.

Nuss - Blätterteig - Pastete

Zutaten:

600 g tiefgekühlter Blätterteig
125 g gehackte Mandeln
100 g gehackte Haselnusskerne
100 g Walnußkerne
100 g Pinienkerne
175 g Butter
4 EL Honig
1 Ei
1 TL gemahlener Zimt
1 Päckchen Vanillezucker
200 g Zucker
1 Zitrone (Saft)

1. Den Blätterteig wie beschrieben auftauen.
2. In der Zwischenzeit die Walnüsse schälen und grob hacken.
3. Die Pinienkerne grob hacken und alle Nüsse in eine Schüssel geben.
4. 125 g Butter in einer kleinen Pfanne schmelzen und zusammen mit dem Honig, dem Ei, dem Zimt und dem Vanillezucker zu den Nüssen geben. Alles gut vermischen.
5. Den Backofen auf 200° C vorheizen.
6. Die restliche Butter in einem Topf zerlassen.
7. Auf einer bemehlten Arbeitsfläche jeweils zwei Blätterteigscheiben aufeinanderlegen und auf die Größe der Auflaufform dünn ausrollen.
8. Die Form mit etwas flüssger Butter einpinseln.
9. Eine Lage Blätterteig in die Form geben, mit der flüssigen Butter bestreichen und ein Drittel der Nussmasse darauf glatt streichen. Die Lagen dreimal wiederholen. Die oberste Lage bildete der Blätterteig.
10. Die letzte Lage Blätterteig mit etwas Wasser besprenkeln und die Pastete im Backofen auf der mittleren Schiene bei 180° C ca. 30 Minuten goldbraun backen.
11. Zwischenzeitlich in einem Topf 1/4 l Wasser mit dem Zucker, bei mittlerer Hitze unter Rühren zu einem Sirup einkochen.
12. Den Topf vom Herd nehmen, den Zitronensaft unter den Zuckersirup rühren.
13. Den Nussblätterteig aus dem Ofen nehmen und mit einem Esslöffel nach und nach den Sirup darüber verteilen, immer wieder warten, bis eine Schicht eingezogen ist.
14. Abkülen lassen.
15. Die abgekühlten Nuss-Blätterteig Pastete in portionsgerechte Rauten oder Quadrate schneiden.

Das Gebäck sollte sofort serviert werden, denn es schmeckt frisch am Besten.

Hirseauflauf mit Äpfeln

Zutaten:
250 g Hirse
3/4 l Milch
1 Prise Salz
500 g Äpfel
100 g Zucker
2 Eigelb
1 Zitrone abgeriebene Schale
2 Eiweiß
Butter zum Einfetten
40 g Korinthen
25 g Butter
Puderzucker zum Bestäuben
Melisse zum Verzieren

1. Die Hirse in ein Sieb schütten, abwechselnd heiß und kalt abspülen und abtropfen lassen.
2. In einen Topf geben und mit gesalzener Milch kurz aufkochen, die Hitze reduzieren und die Hirse ca. 20 Minuten quellen lassen.
3. In der Zwischenzeit die Äpfel schälen, vierteln, Kerngehäuse entfernen und in dünne Scheiben schneiden. Mit der Hälfte des Zuckers bestreuen und zugedeckt ziehen lassen.
4. Beim Abkühlen den Hirsebrei ab und zu umrühren, damit sich keine Haut bildetet.
5. In einer Schüssel das Eigelb mit dem restlichen Zucker und der Zitronenschale mit dem Handrührgerät schaumig rühren und unter den Hirsebrei heben.
6. Das Eiweiß in einer Schüssel steif schlagen und ebenfalls unter den Brei ziehen.
7. Mit etwas Butter eine feuerfeste Form einfetten und die Hälfte der Hirsemasse einfüllen.
8. Die Apfelschnitze mit den in heißen Wasser gewaschenen Korinthen mischen und auf die Hirsemasse geben.
9. Mit der restlichen Hirsemasse bedecken und Butterflöckchen darauf setzen.
10. Den Backofen auf 200° C vorheizen und den Hirsebrei ca. 50 - 60 Minuten backen.
11. Mit Puderzucker bestreuen und mit Melisseblättchen verzieren.

Äpfel in Weißwein

Zutaten:

4 große Äpfel
150 ml Weißwein
150 g Zucker
1 Päckchen Vanillezucker
8 Gewürznelken
2 cm Zimtstange
4 EL Zitronensaft
4 EL Orangensaft
1 Becher Crème fraîche
etwas Schokoraspel

1. Die Äpfel schälen, das Kerngehäuse ausstechen und jeden Apfel mit 2 Nelken spicken.
2. In einem Topf den Wein, den Zucker, die Zimtstange, den Vanillezucker, den Zitronen- und Orangensaft zum Kochen bringen und so lange kochen, bis der Zucker aufgelöst ist.
3. Die Äpfel nebeneinander in einen Topf setzen und mit dem Sud übergießen.
4. Bei geschlossenem Topf die Äpfel ca. 10 Minuten (bis sie weich sind) dünsten lassen. Ab und zu mit dem Sud übergießen.
5. Die Äpfel erkalten lassen, auf Dessertteller stellen, mit Crème fraîche garnieren, mit etwas Sirup angießen und mit Schokoraspel verzieren.

Melone mit Fruchtsalat

Zutaten:

1 reife, große Honigmelone
250 g rote Weintrauben
2 Mandarinen
1 Mango
2 Scheiben Ananas
3 Stücke eingelegter Ingwer
1 TL Ingwersirup
3 EL Zucker
4 cl Raki

Zum Garnieren:

gehackte Pistazien
etwas frische Pfefferminze

1. Die Melone zickzackartig in der Mitte aufschneiden und die Kerne entfernen.
2. Mit einem Kugelausstecher kleine Kugeln aus dem Melonenfleisch herausdrehen und somit die Melone aushöhlen.
3. Die Kugeln in die Melonenhälften zurückgeben und kaltstellen.
4. Die Weintrauben waschen und halbieren.
5. Die Mandarinen schälen und in Spalten teilen.
6. Die Mango halbieren, den Kern entfernen, die Frucht schälen und das Fruchtfleisch würfeln.
7. Die Ananas in Stücke schneiden.
8. Den Ingwer klein schneiden.
9. Das vorbereitete Obst und die gekühlten Melonenkugeln in eine Schüssel geben, die Ingwerwürfel, den Sirup und den Zucker zugeben, alles gut vermischen.
10. Den Raki darübergießen und den Obstsalat ca. 1 Stunde kaltstellen.
11. Die beiden Melonenhälften mit dem Obstsalat füllen.
12. Die Pistazien darüber streuen und mit den frischen Pfefferminzblättchen garnieren.

Honig und Schafskäse im Blätterteig

Zutaten:
450 g tiefgekühlter Blätterteig
100 g Schafskäse
50 g Honig
1 TL gehackte Minze
2 Eier getrennt
3 EL Milch
Zum Bestreuen:
etwas Kokosraspel

1. Den Blätterteig wie auf der Packung beschrieben auftauen lassen.
2. Die Minze waschen, trocknen und die Blätter fein hacken.
3. Die Eier trennen.
4. Den Schafskäse, ein Eigelbe, den Honig und die Minze miteinander gut verrühren.
5. Den aufgetauten Blätterteig übereinander legen und eine Teigplatte von ca. 32 x 40 cm ausrollen.
6. Mit einem Teigrad Quadrate von ca. 8 x 8 cm ausschneiden.
7. Die Eiweiße mit einer Gabel aufschlagen.
8. Die Käsemischung auf den Quadraten verteilen und die Ränder mit dem aufgeschlagenen Eiweiß bestreichen.
9. Die Quadrate zu Dreiecken zusammenklappen und mit den Fingern die Ränder gut verkleben, damit sie nicht mehr aufgehen können.
10. Ein Backblech mit Backpapier auslegen und die Dreiecke auflegen, aber nicht zu dicht, damit sie beim Aufgehen genügend Platz haben.
11. Mit der Milch die Blätterteigteile bestreichen und mit den Kokosraspeln bestreuen.
12. Die Pastetchen im vorgeheizten Backofen bei 200° C ca. 12 - 15 Minuten backen.

Die Blätterteigpasteten können warm oder kalt mit Tee serviert werden.

Überbackener Milchreis

Zutaten:
200 g Milchreis
1 l Milch
250 g Zucker
1 Päckchen Vanillezucker
1 Prise Salz
1 EL Speisestärke
2 Eigelbe
1 Vanilleschote
2 EL Korinthen
etwas abgeriebene Zitronenschale

1. Den Reis in ein Sieb geben und unter fließendem, kalten Wasser abspülen.
2. In einen Topf geben und mit Wasser, gut bedeckt und etwas Zucker zum Kochen bringen. Die Hitze reduzieren und ca. 10 Minuten leicht köcheln lassen.
3. Den Reis durch ein Sieb abschütten und kalt abspülen.
4. In einen weiteren Topf die Milch, den Zucker, den Vanillezucker, das Salz und den Reis unter Rühren zum Kochen bringen. Die Hitze reduzieren und den Reis garziehen lassen.
5. In der Zwischenzeit die Korinthen in etwas heißem Wasser einweichen.
6. Etwas Zitronenschale abreiben.
7. Die Eier trennen, die Vanilleschote ausschaben. Die Eigelbe mit der Vanille verrühren.
8. Die Speisestärke in wenig Wasser ohne Klümpchen anrühren.
9. Die vorbereiteten Zutaten wie Korinthen, Zitronenschale und Speisestärke in den Milchreis geben, alles gut verrühren und abwarten, dass der Reis eindickt. (Sollte aber nicht so dick sein wie unser Reis).
10. Den Reis in feuerfeste Förmchen füllen und die geschlagenen Eigelbe darüberträufeln.
11. Die Förmchen in ein Wasserbad stellen und im Backrohr, Oberhitze 200° C so lange backen, bis das Eigelb gestockt ist und eine braune Haut entsteht.
12. Den Milchreis kalt servieren.

Apfeljoghurt

Zutaten:

4 große Äpfel
1 Zitrone (Saft)
4 EL Zucker
2 EL Butter
125 ml Orangensaft
2 EL Korinthen
2 EL gestiftelte Mandeln
2 EL Pistatien
400 ml Jogurt
1 Päckchen Vanillezucker
Zimtzucker nach Geschmack

1. Die Äpfel schälen, vierteln, entkernen, fein würfeln und mit Zitronensaft beträufeln.
2. Die Korinthen in heißem Wasser einweichen.
3. In einem Topf die Butter schmelzen, den Zucker darin karamellisieren lassen.
4. Mit dem Orangensaft ablöschen und den Karamel loskochen.
5. Die Apfelstücke zugeben und bei mäßiger Hitze dünsten lassen.
6. Die Korinthen abschütten, ausdrücken und mit den Mandeln und den Pistatien zu den Äpfeln geben. Den Topf von der Herdplatte nehmen und das Kompott erkalten lassen.
7. Den Jogurt untermischen und mit Zimtzucker abschmecken.

Register

Äpfel in Weißwein 157
Apfeljoghurt 163
Aubergine-Tomatensalat türkisch 41
Auberginen mit Hirse gefüllt 101
Auberginenpaste 47
Auberginentaschen gefüllt 97
Backobst - Salat 42
Bohnen grün mit Hammelfleisch 117
Bulgur - Gratin 94
Bulgur - Gratin süß 94
Bunter Salat 59
Cacik Jogurt - Kaltschale 114
Champignons marinierte 42
Chicorée - Suppe 26
Deftige Wachtelbohnen mit
Knoblauchwurst 75
Feine Kartoffelsuppe 30
Fisch, mit Bergkäse überbacken 143
Fischtopf türkisch 151
Fladenbrot gefüllt 83
Fladenbrot mit Hackfleischfüllung 80
Fleischbällchen 47
Forellen gegrillt 146
Frikadellen türkischer Art 135
Gefüllte Auberginen mit Hirse 101
Gefüllte Auberginentaschen 97
Gefüllte Paprikaschoten 60
Gefüllte Teigröllchen 68
Gefüllte Weinblätter 45
Gefüllte Zwiebel- Röllchen 36
Gefülltes Fladenbrot 83
Gegrillte Forellen 146
Gemüse im Teig 67
Grieß mit Nüssen 163
Gurkensalat mit Jogurt 39
Gurkensuppe kalt 18
Hackfleisch - Fladen 88
Hackfleisch mit Auberginen 98
Hackfleischfüllung für Fladenbrot 80
Hähncheneintopf 110
Hähnchenkeulen mit
bunten Gemüse 109
Hähnchenschenkel
mit Auberginenpüree 102
Hammelfleisch mit grünen Bohnen 117
Herzhaftes Rindfleisch 141
Hirseauflauf mit Äpfeln 155
Honig und Schafskäse
im Blätterteig 159
Huhn auf Tscherkesenart 55
Jogurtsuppe mit Aprikosen und
Walnüssen kalt 23
Kabeljau in Weinteig
mit Okraschoten 144
Kalbsleberpastete 52
Kalte Gurkensuppe 18
Kalte Jogurtsuppe mit
Aprikosen und Walnüssen 23
Kalte Lammkeule 39
Kalte Tomatensuppe mit Allerlei 20
Karottensalat mit Kokosflocken 36
Kartoffel Kürbis-Suppe 33
Kartoffelsuppe fein 30
Käsecreme pikant 41
Kaviarpaste 151
Kebab mit Yoghurt 84
Kichererbsen mit Knoblauchwurst 76
Kichererbsenbällchen 51
Kräuterrahm-Suppe 25
Lamm-Topf türkisch 93
Lamm mit Bulgur 48
Lammeintopf mit Okraschoten 71
Lammfleisch mit Gemüse 123
Lammfleischsuppe mit Nestnudeln 24
Lammkeule kalt 39
Lammkeule mit Minzsauce 113
Lammrollbraten in Knoblauchsauce 121
Lammspieß mit Trockenobst 114
Lammtopf scharf 79
Leberspieße 131
Linsen mit Reis 72
Linseneintopf roter
mit Knoblauchwurst 34
Linsensuppe mit Kürbiskernen 18
Linsensuppe mit Paprikabutter 33
Linsensuppe mit Würstchen 29
Marinierte Champignons 42
Melissen-Lamm mit Erbsen 119
Melone mit Fruchtsalat 157
Milchreis überbacken 160
Nestnudeln Lammfleischsuppe 24
Nudeltaschen mit Kartoffelfüllung 63
Nuss - Blätterteig - Pastete 152
Okra-Reis 56
Okraschoten Lammeintopf 71
Okraschoten mit Kabeljau
in Weinteig 144
Paprikaschoten gefüllt 60
Pastete mit Huhn 105
Pikante Käsecreme 41
Pizza türkisch 87
Pürierte Linsensuppe
mit Paprikabutter 33
Putenrolladen 106
Reis mit Erbsen und Käse 135
Reis mit Linsen 72
Reissuppe mit Jogurt 30
Rind mit Bohnen und Sauerkraut 132
Rinderpfanne mit Tomaten 138
Rinderschmortopf 124
Rindfleisch mit Weißkohl 137
Rindfleisch nach Hirtenart 127
Rindfleisch vom Grill 128
Rote Linsen - Suppe 26
Roter Linseneintopf
mit Knoblauchwurst 34
Sardinenpfanne mit Kartoffeln 149
Scharfer-Lammtopf 79
Selleri - Salat 94
Setzeier auf Tomaten 68
Spiegelei auf Spinat 56
Spinat mit Spiegelei 56
Spinatsuppe 23
Tarhana - Suppe 29
Thunfischfladen 90
Tomatensalat mit
Aubergine-türkisch 41
Tomatensuppe kalt mit Allerlei 20
Tomatensuppe mit Allerlei kalt 20
Türkische Pizza 87
Türkischer Aubergine-Tomatensalat 41
Türkischer Fischtopf 151
Türkischer Lamm-Topf 93
Überbackener Milchreis 160
Wachtelbohnen mit
Knoblauchwurst deftig 75
Weinblätter gefüllt 45
Zucchinicreme 128
Zucchinipuffer mit
Zitronenjoghurtsauce 64
Zwiebel- Röllchen gefüllt 36

genehmigte Lizenzausgabe für
UNIPART VERLAG GMBH,
Remseck bei Stuttgart, 1997

Fotografie, Gestaltung und Satz:
Fotostudio Poggenpohl, Peiting

ISBN 3-8122-3741-5